Auf die Plätze - Fertig - Sport

AF239355

Stefan Romacker , Jahrgang 1966, studierte Philosophie und Soziologie in Heidelberg und Hamburg und ist seit Jahren als Übungsleiter im Trampolinturnen und Fußball tätig. Das vorliegende Buch rundet eine Reihe von Sachbüchern für Kinder und Jugendliche ab (Philosophie, Politik, Ökonomie). Stefan Romacker hat zwei sportbegeisterte Kinder und lebt in Hamburg.
Mehr Infos auch auf www.stefan-romacker.de

Regina Packeiser, Jahrgang 1967, ist seit mehreren Jahren in Hamburg als Grafikerin tätig.

Stefan Romacker

Auf die Plätze -
Fertig -
SPORT

Eine Einführung für Kinder und Jugendliche

mit Illustrationen von Regina Packeiser

© 2008 Stefan Romacker
Herstellung und Verlag: Books on Demand GmbH, Norderstedt
Layout, Illustrationen und Umschlaggestaltung: Regina Packeiser
gesetzt aus der ITC Officina Sans
ISBN 978-3-8370-2563-7

Bibliografische Information der Deutschen Nationalbibliothek:
Die Deutsche Nationalbibliothek verzeichnet diese Publikation in der Deutschen Natio-
nalbibliografie; detaillierte bibliografische Daten sind im Internet über http: dnb.d-nb.de
abrufbar.

meinem Vater

Inhalt

1

Treibst du Sport?

atürlich treibst du Sport, sonst würdest du nicht ein Buch aufschlagen, das sich mit dem Thema befasst.- Oder treibst du keinen Sport und willst nur mal wissen, was andere so toll daran finden? Zumindest einmal in der Woche musst aber auch du einen Ball in die Hand nehmen, Dauerlauf machen, an die Reckstange treten, gymnastische Übungen oder ähnliche Verrenkungen durchführen: im Schulsport.

Macht Schulsport Spaß? - Naja, so halbwegs, wird deine Antwort wahrscheinlich ausfallen. Die Mädchen schimpfen, weil die Jungs nur Fußball spielen wollen. Und wenn Fußball gespielt wird, dann geben die Jungs den Mädchen nie den Ball, weil sie denken, dass sie um so vieles besser spielen können. Die guten Sportler meckern, weil sie mit den Flaschen spielen müssen, und die Schwächeren beschweren sich, weil die Guten sie nicht ins Spiel einbeziehen. Oder man muss so exotische Sportarten wie Geräteturnen machen, wo man mit schmerzenden Oberarmen wie ein Mehlsack am Barren hängt. Oder man zappelt in einem völlig überfüllten Schwimmbecken, kommt kaum vom Fleck und ist den Tritten der Klassenkameraden hilflos ausgeliefert.

Super. - Und wozu das Ganze?

Was passiert beim Sporttreiben?

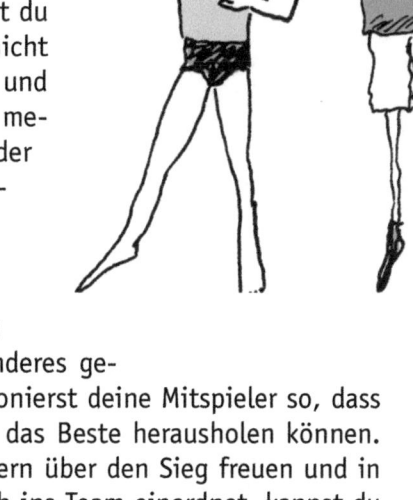

Gehörst du zu den Guten im Sportunterricht? Dann kannst du das Spiel aus Langeweile praktisch verweigern. Beim Fußball stellst du dich ins Tor und hast deine Ruhe. Beim Badminton zeigst du durch alberne Schläge, dass du das alles nicht Ernst nimmst. Du ignorierst deine Mitspieler und spielst alleine für dich, ob die anderen nun meckern oder nicht. Auf diese Weise haben weder du noch deine Klassenkameraden etwas davon. Die andere Möglichkeit: du unterstützt deine Mitspieler. Du verhilfst ihnen durch gute Zuspiele zu erfolgreichen Aktionen. Du zeigst ihnen Tricks und Kniffe, freust dich mit ihnen, wenn ihnen etwas für sie Besonderes gelungen ist, organisierst das Spiel und positionierst deine Mitspieler so, dass sie aus ihren beschränkteren Möglichkeiten das Beste herausholen können. Dadurch kannst du dich mit deinen Mitspielern über den Sieg freuen und in der Niederlage leiden. Und als Guter, der sich ins Team einordnet, kannst du des Respekts der anderen sicher sein.

Das funktioniert nicht nur bei Mannschafts-, sondern auch bei Individualsportarten. Das sind jene, bei denen jeder Einzelne für sich agiert, wie Tennis, Geräteturnen, Leichtathletik, Schwimmen. Dein Klassenkamerad hängt völlig hilflos am Reck, weil er den Felgaufschwung nicht schafft. Habt ihr schon mal Felgaufschwung geübt? Zu meiner Schulzeit musste sich jeder Schüler daran versuchen. Man hält die brusthohe Reckstange mit beiden Händen fest, nimmt mit einem Bein Schwung, wirft die Hüfte nach oben an die Reckstange, so dass der Kopf plötzlich unten hängt, drückt dann die Beine wieder nach unten und hängt dann auf seinen Händen auf der Stange im Stützgriff. - So läuft es zumindest am Anfang ab. Der Könner wirft einmal sein Schwungbein nach oben und windet sich in einer geschmeidigen Bewegung um die Stange in den Stützgriff.

Geschichte

Die ersten Olympischen Spiele der Neuzeit begannen am 6. April 1896, insbesondere auf Initiative **Pierre de Coubertins**. De Coubertin war beeindruckt von den Ausgrabungen in der antiken Stätte Olympia in Griechenland, die von 1875 bis 1881 durchgeführt worden waren. Olympische Spiele sollten zur Völkerverständigung beitragen, die Jugend der Welt sollte ein Fest mit Wettkampf und Spiel feiern. Lange Jahre war aber eher das Gegenteil der Fall: In Zeiten des Kalten Krieges standen sich die freiheitlich-kapitalistischen Westmächte und der sozialistische „Ostblock" feindselig gegenüber. Die beiden Machtblöcke versuchten, den jeweils anderen Block im Medaillenspiegel abzuhängen.

Pierre de Coubertin griff auf eine antike Tradition zurück: Olympische Spiele wurden in Griechenland vermutlich bereits im 2. Jahrtausend v. Chr. veranstaltet. Sie gehen auf kultische Feste zurück, es verband sich Sport mit Götterverehrung, Weihehandlungen mit Wettspielen. Man glaubte, die Götter durch diese Handlungen gnädig zu stimmen. Ab dem 8. Jahrhundert v. Chr. fanden die Spiele alle vier Jahre im August in Olympia statt.

Dein Freund hat ein Problem: er traut sich die Übung nicht zu. „Ich bin total unsportlich, ich schaff das nie." Jetzt kommst du, ein Könner am Reck, der sich eben zum 28. Mal locker um die Reckstange gewunden hat, und sagst. „Natürlich kannst du das. Du musst nur...". Du räumst die Zweifel deines Klassenkameraden beiseite. Jetzt ist der Weg frei, dass er sich mit ein, zwei Tipps die Reckstange empor wuchtet. Was glaubst du, wie stolz der Kerl da oben hängt.

Ihr seht, beim Sporttreiben passiert eine ganze Menge mehr als bestimmte Bewegungen möglichst gekonnt durchzuführen. Das macht das Ganze so interessant. Sport ist nicht nur körperliche Aktion. Es hat auch viel zu tun mit Wille, mit Konzentration, mit Kameradschaft, mit Respekt vor den anderen und sich selbst. All diese Dinge werden wir uns im Folgenden genauer ansehen.

Im Sport kenne ich mich ein wenig aus. Als Sechsjähriger habe ich angefangen, in einer Mannschaft Fußball zu spielen. Mit elf habe ich mit Tennisspielen begonnen. Zum Glück gab es in meinem Verein eine Tennis-Mannschaft, der genau ein Spieler gefehlt hat, und das war ich. So habe ich schnell Spielpartner und Freunde gefunden. In der 12. und 13. Klasse habe ich Sport als Leistungskurs gewählt und mich erstmals auch mit der Theorie rund um den Sport befasst. Als ich 24 Jahre alt war, habe ich Trampolinspringen begonnen. Das lief so gut, dass ich bald darauf selbst Anfänger unterrichtet habe. Später habe ich Erwachsenen- und Kindergruppen als Übungsleiter betreut, außerdem habe ich eine Fußballjugendmannschaft trainiert. Inzwischen bin ich über vierzig, spiele immer noch Tennis in einer Mannschaft, ein bisschen Fußball, schwimme sehr gerne, kann derzeit wegen Kniebeschwerden leider keine Dauerläufe mehr machen. Wenn es die Zeit zulässt, lass ich mich auch beim Trampolinturnen blicken, um selbst zu turnen und die anderen zu unterstützen. Ein Leben ohne Sport kann ich mir gar nicht vorstellen.

Was treibt uns zum Sport?

Sport ist prinzipiell anstrengend. Trainieren ist zumeist eine schweißtreibende Angelegenheit, nach dem Training sind wir erschöpft. Manchmal müssen wir uns selbst überwinden, wie der Kerl an der Reckstange. In bestimmten Sportarten wie Klettern, Trampolinturnen oder Wasserspringen ist die Überwindung der eigenen Angst geradezu wesentlicher Bestandteil. Man geht schließlich nicht eben mal auf den 10-Meter-Turm, springt ab und macht ein paar Drehungen, um zu sehen, ob es klappt. Mannschaftssportarten haben die Eigenheit, dass man sich mit seinen Mitspielern auseinandersetzen muss. Du kommst nicht mit allen klar. Es gibt unterschiedliche Ansichten und Streit. Oder du hast Probleme mit dem Trainer: er ignoriert dich, brüllt dich an oder ist über-ehrgeizig. Beim Marathonlauf kämpft man drei bis vier Stunden lang gegen eine innere Stimme an, die einem zuruft: „Du bist völlig platt! Bleib doch einfach stehen!" - Warum tun wir uns das an? Warum treibt es so viele Menschen zum Sport, wo wir doch auch gemütlich ins Kino oder in den Zoo gehen könnten?

„Trampolinspringen macht riesig Spaß!" und „Fußball ist echt super!", ruft ihr. Aber immer wieder dieselben Turnübungen machen, die Anspannung, die Konzentration, die das Training bedarf, macht das auch Spaß? Und immer wieder über den ganzen Platz hetzen, bis dir die Zunge am Boden schleift, das soll super sein? - Ja, ist es! Aber warum ist das so?

Bewegung ist ein menschliches Grundbedürfnis

2

Der Kampf ums Überleben

Warum treiben wir so gerne Sport? Das liegt wohl daran, dass der Mensch, biologisch gesehen, auch ein Tier ist. Und jedes Tier hat sich Fähigkeiten angeeignet, die ihm das Überleben in seiner Umwelt ermöglichen. Die Menschen haben Jahrtausende lang in Horden zusammen gelebt. Sie haben sich von Pflanzen und deren Früchten ernährt, die sie auf langen Märschen gesammelt haben. Sie waren Nomaden, das heißt, sie zogen den Viehherden oder den Jahreszeiten hinterher, so dass sie den Winter womöglich in etwas wärmeren Gefilden verbrachten als den Sommer. Die Männer gingen auf die Jagd. Egal, wie und welche Tiere sie dabei erbeuten wollten: sie mussten ausdauernd, schnell und kräftig sein, denn was ihnen an Geräten zur Verfügung stand, beschränkte sich weitgehend auf Wurfspeere, Beile aus Stein und einfache Fallen. Der menschliche Körper ist auf diese Beanspruchungen ausgerichtet, auf Bewegung, Unrast und fortwährendes Umherstreifen. Dazu zeichnen ihn geschickte Hände aus, die er heute wie vor 10.000 Jahren einsetzt, um Werkzeuge, Kleidung, Schmuck und andere Dinge des täglichen Bedarfs herzustellen.

Genauso wie den meisten anderen Säugetieren das Finden von Nahrung nicht angeboren ist, mussten auch die Urzeitmenschen lernen, wie man Beute macht und wie man an essbare Früchte rankommt. Ich bin sicher, die Steinzeitmenschen waren ausgesprochen gute Kletterer, denn sie wollten sich die Früchte aus den Bäumen holen. Und wie die Katzen- und Hundejunge spielerisch lernen, Beute zu machen, so werden auch die Menschenkinder spielerisch die Fähigkeiten erworben haben, die sie zum Überleben brauchten. Im Spiel haben sie sich die körperlichen Voraussetzungen angeeignet, denen es bedurfte, um Fische mit dem Speer zu fangen, große Huftiere wie Hirsche oder gar Mammuts zu erlegen.

Damit wir heutzutage nicht verhungern, reicht es, 300 Meter weit zum nächsten Supermarkt gehen zu können, und das noch nicht einmal schnell. Es genügt, ein Messer bedienen zu können, um eine Verpackung zu öffnen. Und sollten wir zu schwach sein, ein Gurkenglas zu öffnen, dann essen wir das Wurstbrot eben ohne Gurke oder bedienen uns einiger Tricks. Wir brauchen also nicht körperlich kräftig oder ausdauernd zu sein, um zu überleben. Die Fähigkeiten des Steinzeitmenschen sind dennoch in uns angelegt. Der Körper will bewegt, die Muskeln wollen geschmeidig, die Sinne geschärft werden. Deshalb nervt ihr Kinder uns Erwachsene immer mit eurem Herumtoben. Wir Erwachsenen

Auf Leben und Tod

In der Antike konnte der Wettkampf tatsächlich auch auf einen Kampf ums Überleben hinauslaufen: Der Pankration war ein brutaler Kampf Mann gegen Mann, bei dem nur zwei Dinge nicht erlaubt waren: das Beißen und das Eindrücken der Augen des Gegners. Nicht selten endeten die Kämpfe mit schweren Verletzungen oder sogar mit dem Tod eines der Kontrahenten.

Todesfälle sind bei Olympischen Spielen in der Neuzeit zum Glück absolute Ausnahmefälle: 1960 in Rom kam beispielsweise der Däne **Knut Enemark Jensen** beim Radrennen ums Leben - aufgrund der Einnahme von Dopingmittel. Ein besonders tragischer Unfall ereignete sich beim Abfahrtsrennen auf der Olympiastrecke in Lake Placid. Bei der Generalprobe ein Jahr vor den Olympischen Spielen verletzte sich der junge, vielversprechende **Leonardo David** so schwer am Kopf, dass er in ein Wachkoma fiel, aus dem er bis zu seinem Tod einige Jahre später nicht mehr erwachte.

haben unserem Körper längst signalisiert, dass er sich nicht anzustrengen braucht. Unser Erwachsenen-Körper weiß inzwischen, dass er nicht gehen muss, sondern gefahren wird. Er weiß, dass er nicht den Baum hochklettern muss, um an die süßen Kirschen zu gelangen. Er ist träge, kraftlos und steif geworden. Es sei denn, man gehört zu einer Minderheit, die sich im Beruf körperlich betätigt - oder man treibt Sport.

Der Kampf um das Weibchen

Den ursprünglichen Drang zu sportlicher Betätigung verdanken wir also unserer Herkunft von den Jägern und Sammlern. Denkbar ist zudem, dass es unter den menschlichen Horden welche gab, in denen nur der ranghöchste Mann sich mit den Frauen paaren durfte. Bei vielen in Gruppen lebenden Tieren ist dies der Fall. Das ranghöchste Männchen zeichnet sich durch Statur, Kraft, Schönheit, Cleverness vor allen anderen aus. Es hat die besten Veranlagungen. Und nur die besten Veranlagungen sollen an die nächste Generation, also die Kinder, weitergegeben werden. Zumindest wird es so gewesen sein, dass die kräftigsten unter den Männern, die besten Jäger und sichersten Beschützer der Gruppe, bei den Steinzeitdamen begehrter waren als die schlappen Philosophen. Nur eine kräftige Statur garantierte dem Steinzeitmann, dass er sich fortpflanzen und damit die eigene Sippe und Art erhalten konnte. Dann dürfte jetzt klar sein, warum die Jungen mehr als die Mädchen zum Sport neigen, und warum Jungen gerne Wettkämpfe bestreiten, während Mädchen eher Sportarten betreiben, wo man es nicht mit einer direkten Gegnerin zu tun hat: zum einen müssen Jäger kräftiger sein als Sammlerinnen, zum anderen stand der männliche Urmensch in direkter Konkurrenz zu seinen Mitmännchen in der Gunst um die besten Weibchen. Das haftet den Jungs heute noch an - viele, insbesondere viele Mädchen sagen: schade eigentlich...

Wenn nun die kindliche Tobephase vorbei ist und es den Lehrern gelungen ist, euren Bewegungstrieb zu bändigen, indem sie euch an die Schreibtische verbannen, merkt der Körper, dass er hoffnungslos unterfordert ist. Zur Schule trotten, rumhocken, in der Pause ein wenig rumstehen, nach Hause trotten, Gameboy, Fernsehen, Abendessen, gute Nacht, das wars. Jeden Tag. Und der Körper will herumstreunen, rennen, Speere werfen, sich auf irgendetwas stürzen, Abenteuer erleben. Es gibt einen Ausweg aus diesem Dilemma: der Sport. Beim Sport können wir all diese Dinge tun, für die unser Körper bestimmt ist.

Das Spiel

Allerdings bringen uns nicht nur der in uns angelegte Kampf ums Überleben und das Kräftemessen zum Sport. Es gibt noch eine weitere Faszination: das Spiel. Hast du kleinere Geschwister? Die können sich stundenlang mit ganz albernen Dingen wie Murmeln, Puppen oder Bauklötzen beschäftigen. Sie sind völlig vertieft, spüren keinen Hunger, registrieren nicht, wenn du ins Zimmer kommst, befinden sich in einer eigenen Welt. Dasselbe passiert euch, wenn ihr mit Gameboy, Gamecube oder Playstation spielt. Dieses völlige Ausblenden der Umwelt kann auch Erwachsenen noch passieren - wenn sie spielen. Wenn ich Tennis oder Fußball spiele, dann kann ich alles vergessen: den Ärger mit meinem Chef, der sonst an mir nagt, andere Sorgen, die mich manchmal sogar nicht schlafen lassen, den nächsten wichtigen Termin.

Beim Spiel können sich auch die größten Nervensägen als unkomplizierte, freundschaftliche Spielpartner erweisen. Ansonsten wegen ihres Aussehens oder anderer Besonderheiten gering geschätzte Klassenkameraden genießen die volle Wertschätzung aller, weil sie gute Spielpartner sind. - Das ist auch bei den Erwachsenen so: wenn der Millionär, der mit seinem Porsche vorgefahren kommt, Chef von 200 Angestellten, mit dem arbeitslosen Maurer Fußball spielt, dann heißt es nicht: „Hör mal, ich bin der dicke Hirsch, gib mir den Ball!", sondern eher mal: „Du spielst heute wie ´ne Wurst, streng dich mal an!" - Das sagt der Maurer! Er würde im „normalen" Leben nie wagen, so mit dem Chef zu reden! Im Spiel ist das kein Problem. Oder der studierte Philosoph muss sich vom LkW-Fahrer herumkommandieren lassen: „Du musst dort rüber laufen, das hier ist dein Gegenspieler!" Er führt die Anweisung durch - ohne zu diskutieren -, ohne sich zu fragen, mit welchem Recht der andere ihm das sagt. Und das ist ganz normal. Das ist das Spiel. Es hat seine eigenen Gesetze. Es ist eine eigene Welt.

Viele Philosophen halten dieses Phänomen des Spiels für so zentral, dass sie

Folgendes behaupten: der Mensch zeichnet sich gegenüber den anderen Lebewesen gerade dadurch aus, dass er spielt. Völkerkundler sind der Ansicht, dass das Spiel um Ruhm und Ehre als eines der Grundbedürfnisse der Menschheit zu betrachten ist. Der Mensch ist das spielende Wesen, der homo ludens, um den lateinischen Ausdruck zu gebrauchen. Der Mensch „ist nur da ganz Mensch, wo er spielt" schreibt der leidenschaftliche Freiheitsdenker Friedrich Schiller. Was er damit meint: wir können so aufgehen im Spiel, dass wir alle Förmlichkeiten, alle Äußerlichkeiten vergessen, uns nur noch auf uns selbst und auf den Augenblick des Spiels konzentrieren, wir gehen im Spiel auf. Dies ist auch der Grund, warum wir beim Spielen so gut abschalten und entspannen können. Wir tauchen ein in eine andere Welt, in der Ärger mit Freunden, Stress in der Schule und Krach mit den Eltern nicht vorkommen. Wir sind bei uns und spielen unser Spiel. Und so steckt eine tiefere Wahrheit in dem Satz, dass man den Charakter eines Menschen erkennen kann, wenn er spielt.

Dabei erfüllte das Spiel ursprünglich eine wichtige Funktion: Kinder eignen sich beim Spielen die Fertigkeiten an, die sie als Erwachsene brauchen. Auch heute ist davon noch etwas spürbar, wenn Mädchen mit Puppen spielen, sie an- und auskleiden, sie füttern und ins Bett bringen. Oder sie ziehen sich hübsche Kleider an und schminken sich. Jungs dagegen messen lieber ihre Kräfte im Spiel. Sie raufen und rennen, fahren Autos und bauen Häuser. Mädchen wie Jungs spulen also im Spiel das Programm ab, das die Natur ihnen einmal zugedacht hat.

Sport ist eine Schule fürs Leben

3

„Ich bin unsportlich"

Das halte ich für eine Ausrede. Natürlich gibt es im Sport immer jemanden, der es besser kann als man selbst, dem die Übungen leichter fallen, der schneller lernt, präziser spielt. Natürlich sind die körperlichen Voraussetzungen sehr unterschiedlich. Es gibt regelrechte Bewegungstalente, die auf Anhieb balancieren oder auf Händen laufen können. Andere scheinen ein angeborenes Ballgefühl zu haben, sie können einfach sicher fangen, werfen und platzieren. Aber davon muss man sich nicht entmutigen lassen. Falls du dich von dieser Übermacht doch nicht befreien kannst, dann ist es für dich womöglich besser, eine Sportart zu betreiben, bei der du nicht die direkte Vergleichsmöglichkeit hast. „Mental" ist übrigens ein sehr beliebtes Wort im Sport. Es bedeutet geistig, besser noch gedanklich. Versuchs also mit Joggen, das kannst du ganz alleine für dich machen. Oder auch asiatische Bewegungssportarten wie Yoga und Tai-Chi oder Segeln oder was weiß ich.

Es gibt so unglaublich viele Möglichkeiten, sich sportlich zu betätigen. Vom Gehen zum Sprinten, Ballsportarten wie Tennis, Badminton und Handball, Sportarten auf oder im Wasser wie Rudern, Kanufahren und Schwimmen; Gymnastik und Tanz; Kampfsport wie Boxen und Judo; Sportarten, wo es rein auf die Bewegung ankommt wie Tai-Chi oder Yoga; Sportarten, bei denen

Olymp. Sportarten

Im Laufe der Jahre fanden Sportarten Aufnahme ins olympische Programm, die wir heute kaum noch kennen oder mit Schmunzeln bedenken. Hier einige Beispiele:

- Wasserspringen: Kopfweitsprung (1904 in St. Louis)
- 100 m Matrosenschwimmen 1896: an diesem Wettkampf durften nur Matrosen der im Hafen von Piräus liegenden Kriegsschiffe teilnehmen. Von elf gemeldeten „Sportlern" traten nur drei an, die Siegerzeit betrug 2:20,4 min (Der Sieger über 100 m Freistil benötigte 1:22,2).
- Roque, ein Spiel, bei dem Holzkugeln mit Schlägern durch kleine Tore zu einem bestimmten Ziel gestoßen werden, war 1904 in St. Louis olympisch.
- Jeu de Paume (London 1908); das Spiel wurde bereits im Mittelalter in Kreuzgängen gespielt. Weltweit gibt es etwa 50 Ballsäle, in denen das Spiel gespielt wird, was wichtig ist, da es wie Squash mit kleinen Schlägern unter Einbeziehung der Wände gespielt wird.
- Beim Polo, einem Ballspiel auf Pferden, gewann 1908 in London Großbritannien I vor Großbritannien II und - ratet mal - Großbritannien III.
- Weit- und Hochsprung aus dem Stand
- Beidhändiger Diskuswurf
- Schießen: Laufender Keiler (auf eine Pappe, die sich bewegte und einen Keiler darstellte) oder Laufender Hirsch.

man relativ hohen technischen Aufwand betreiben muss wie Segeln und Surfen, Skifahren und Bergsteigen, Auto- und Motorradrennen; bei den Sportarten rund ums Turnen zählt die Körperbeherrschung und Körperspannung; dann gibt es die Trendsportarten wie Inlineskating und Nordic Walking. Da ist doch sicher auch etwas für euch dabei.

Ich gebe zu, dass man auf bestimmte Sportarten bezogen unsportlich sein kann, aber nicht prinzipiell. Ich habe gesagt, diese Behauptung diene als Ausrede: als Ausrede für unsere Faulheit, für unseren mangelnden Antrieb, dafür, dass ich mich nicht länger anstrengen will. Das könnt ihr euch ruhig zugestehen, aber zieht die richtigen Schlüsse daraus. Das bedeutet nämlich nicht, dass Sport prinzipiell nichts für euch ist. Es bedeutet womöglich nur, dass die Sportart oder die Leute, mit denen ihr Sport treibt, nicht zu euch passen oder dass der Trainer/die Trainerin euch nicht motiviert. Euch fehlt die Motivation.

Sport - Was bringt das?

Motivation - ein weiterer zentraler Begriff im Sport - darunter fasst man die Beweggründe für unser Verhalten. Ihr lernt für die Klassenarbeit, weil ihr eine Eins schreiben wollt; oder weil Ihr das Thema interessant findet. Das sind zwei unterschiedliche Motive. Im Sport kann man viele solcher Motive unterscheiden. Warum treibt Ihr Sport?

„Weil ich mich dabei so richtig auspowern kann."
„Weil es einfach toll ist, vom Trampolin in die Luft gewirbelt zu werden."
„Weil es super ist, die Vorhand genau zu treffen."
„Weil mir das Spielen riesigen Spaß macht."
„Weil ich die kontrollierten Bewegungen beim Turnen so mag."
Diese Motive nennt man ichbezogen, zudem sind sie auf das Sporttreiben selbst gerichtet.

„Weil ich im Training meine Freunde treffe."
„Weil ich gewinnen und immer der Erste sein will."
„Ich will Olympiasieger werden!"
Das sind auch ichbezogene Motive. Aber hier stehen nicht der Sport selbst, sondern die sozialen Kontakte im Mittelpunkt.

Aber es gibt noch andere Motive, die in Sätzen wie diesen zum Ausdruck kommen:
„Ich will mich unbedingt auf dem Surfbrett halten können!"
„Ich möchte die Strecke unbedingt in 30 Minuten schaffen!"
„Einmal Meister zu werden ist mein großer Traum."
„Wenn ich mit meinen Freunden nicht mehr mitkomme, dann höre ich auf."
Diese Sätze zeigen an, dass es den Sportlern auf das Ergebnis ihres Tuns ankommt. Sie treiben Sport, weil sie ein bestimmtes Ziel erreichen wollen. Der Gedanke der Leistung ist hier wichtig. Auch dies lässt sich in einen sozialen Zusammenhang bringen:

„Ich will meinen Eltern und Freunden zeigen, was ich drauf hab."
„Wenn ich heute gewinne, dann bin ich die Nummer Eins!"

„Als Kapitän in der Mannschaft kann ich den anderen zeigen, wo´s lang geht."

Insbesondere bezogen auf die Gesundheit ist das Sporttreiben heute in aller Munde. Das Sporttreiben soll als Mittel für andere Zwecke dienen. Auch hier gibt es wieder ichbezogene und auf das soziale Umfeld bezogene Motive.

„Ich will regelmäßig joggen, um einer Herzerkrankung vorzubeugen."

„Ich geh ins Fitnesstudio, damit mich die Mädels wegen meiner Muskeln anhimmeln."

„Ich habe in der Schule so einen Stress, da ist es herrlich, mich beim Tanzen zu entspannen."

„Beim Boxen kann ich richtig meinen Frust und meine Aggressionen abbauen."

„Ich liebe es, mich beim Bergsteigen in der freien Natur zu bewegen."

„Mit Tennistraining kann ich mir mein Studium finanzieren."

Das waren die ichbezogenen Motive, ihr habt es bemerkt. Von sozialer Bedeutung sind folgende Aussagen:

„Nach dem Training gehen wir immer noch in die Kneipe."

„Ich war neu in der Stadt. Durch den Sportverein habe ich schnell Freunde gefunden."

„Den mach ich heute fertig. Dann fühle ich mich wieder gut."

„Meine Kollegen aus dem Vorstand spielen auch Golf. Ich kann es mir leisten."

Welches sind deine Motive? Das weißt du nicht so genau? - In Ordnung. Dennoch hast du welche, möglicherweise sogar ganz unterschiedliche, genau wie ich auch. Ich spiele Tennis, weil ich es reizvoll finde, den anfliegenden Ball so richtig mit Schwung auf die andere Seite zu hämmern. Wenn es klappt, ist das schon ein richtig gutes Gefühl. Ich bestreite aber auch richtige Punktspiele in einer Mannschaft, weil es mich motiviert, andere Spieler zu besiegen. Dadurch strenge ich mich im Training mehr an, ich versuche, mich zu verbessern und möglichst gut zu spielen. Außerdem freue ich mich, mit meinen Freunden zu spielen, auf der Tennisanlage über den Sport zu fachsimpeln und so. Ich habe also eine ganze Anzahl von Motiven. Das wichtigste ist aber, denke ich, der Spaß an der Bewegung, die Kugel möglichst optimal mit Schwung zu treffen.

Ich glaube übrigens, dass dieses Motiv, das Spaßhaben an der Bewegung, das stärkste von allen ist. Es verschafft uns die Leidenschaft für unseren Sport, wegen ihm wird uns unser Sport nie langweilig, wegen ihm gehen wir immer und immer wieder zum Training, so dass uns die Sportart ein Leben lang begleiten kann. Zum Sport zu gehen ist oft lästig und kostet Überwindung. Du kommst platt von der Schule nach Hause und musst schon wieder mit dem Fahrrad in die Trainingshalle. Warum machst du es trotz der Müdigkeit? Weil der Trainer es erwartet. Weil du am Wochenende in der Mannschaft aufgestellt werden willst. Weil deine Freunde auch da sein werden. Alles richtig. Aber diese Argumente würden euch nicht dazu zu bewegen, loszuradeln, wenn eine Sache nicht wäre: der Spaß an der Sportart. - Das heißt aber noch lange nicht, dass Spaß im Sport alles ist - oder dass jedes Training Spaß macht.

Einen wichtigen Punkt möchte ich hier gerne noch ansprechen, weil manche von euch manchmal zumindest davon bedroht sind: das Sportverbot von den Eltern, insbesondere wegen schlechter schulischer Leistungen. Ich halte das für grundfalsch. Lest euren Eltern diese Stelle ruhig vor, wenn es mal wieder so weit sein sollte. Sport kann auch zur Kompensation dienen, das heißt: Frust-Erlebnisse in der Schule oder mit Freunden können durch Erfolgserlebnisse auf anderen Gebieten, zum Beispiel im Sport, aufgefangen werden. Wer hat schon gerne schlechte Schulnoten? Wen belastet der Ärger in der Schule nicht? In solchen Situationen freut man sich doch auf das Training, um sich mal auszupowern und ein Erfolgserlebnis zu haben. Das baut auf, das gibt Kraft, sich den Herausforderungen zu stellen. Verbieten die Eltern diesen Ausgleich, zementieren sie gewissermaßen deine schlechte Leistungen, dann bist du nur noch der schlechte Schüler. Dass es andere Dinge gibt, die du ganz toll machst, wird dann leider vergessen. So wird es umso schwieriger, aus dem Tief herauszukommen.

Olympische Rekorde

Immer wieder gelingt es Athleten, exakt bei den Olympischen Spielen ihre Bestleistung abzurufen und Medaillen einzusammeln wie die Bonbons beim Faschingsumzug. Solch ein Beutezug ist für die einen genau der richtige Zeitpunkt, um sich vom Wettkampfsport zu verabschieden, andere werden dadurch erst recht angespornt. Am meisten Medaillen sind bei Sportarten zu holen, in denen die Athleten mehrere Starts hintereinander bewältigen können, wie zum Beispiel beim Turnen oder Schwimmen. So führen die russischen Turner **Larrissa Latynina** mit 18 Olympischen Medaillen (9 x Gold, 5 x Silber, 4 x Bronze von 1956 bis 1964) und **Nikolay Andrianow** mit 15 Medaillen (7 x Gold, 5 x Silber, 3 x Bronze von 1972 bis 1980) die Wertung an.

Mark Spitz gewann 1972 in München 7 seiner insgesamt 9 Goldmedaillen im Schwimmen, Goldmedaillen errang die für die DDR startende **Kristin Otto** 1988 in Seoul (ebenfalls im Schwimmen). Erfolgreichste deutsche Olympionikin ist jedoch die Kanutin **Birgit Fischer**, die zwischen 1980 und 2004 insgesamt 8 Gold- und 4 Silbermedaillen gewann. Der Dressurreiter **Dr. Reiner Klimke** holte in einer Zeitspanne von 24 Jahren (1964 bis 1988) 5 x Gold, 1 x Silber, 1 x Bronze, die letzte Goldmedaille in der Mannschaft im Alter von 52 Jahren.

Die meisten Goldmedaillen in der Leichtathletik gewannen der Mittel- und Langstreckenläufer **Paavo Nurmi** (von 1920 bis 1928, dazu noch 3 Silbermedaillen) sowie der amerikanische Sprinter und Weitspringer **Carl Lewis** (1984 in Los Angeles bis 1996 in Barcelona), davon 4 mal hintereinander im Weitsprung.

Umstritten ist der einmalige Rekord von **Raymond Ewry**, der insgesamt 10 Goldmedaillen im Weit- und Hochsprung aus dem Stand errang. Zwei seiner Goldmedaillen errang er bei den „Zwischenspielen" 1906 in Athen, die vom Internationalen Olympischen Komitee aber nicht offiziell anerkannt werden.

Olymp. Serien

Der Brite **Steve Redgrave** konnte sich derartig motivieren, dass er fünf Mal hintereinander bei Olympischen Spielen Gold gewann (von 1984 bis 2000). Wofür Redgrave 16 Jahre brauchte, erreichte **Eric Heiden** in knapp einer Woche: bei den Winterspielen 1980 in Lake Placid gewann er alle fünf Eisschnelllaufstrecken bei den Herren, um sich kurz darauf vom Wettkampfsport zurückzuziehen.

Die besten Winterathleten

Für olympische Serientäter und Medaillenhamster ergab sich in den 90er Jahren eine einmalige Chance: das IOC hatte im Jahr 1986 beschlossen, die olympische Charta zu ändern, um olympische Spiele im Zweijahres-Rhythmus stattfinden zu lassen, abwechselnd im Sommer und Winter (was vor allem kommerzielle Gründe hatte). Dieser Wechsel wurde eingeleitet, indem die Winterspiele einmalig um zwei Jahre vorverlegt wurden. Sie fanden 1992, 1994, dann wieder im gewohnten Vierjahresrhythmus im Jahr 1998 statt. Insbesondere die russische Langläuferin Ljubow Jegorowa wusste dies für sich zu nutzen. Mit insgesamt sechs Gold- und drei Silbermedaillen avancierte sie zur erfolgreichsten Athletin im Wintersport. Der Norweger Björn Daehlie gewann 1992 2 x Gold, 1 x Silber; 1994: 2 x Gold, 1 x Silber, 1998: 3 x Gold, 1 x Silber, 2002. Auch ein Deutscher Medaillensammler profitierte von dem verkürzten Rhythmus: der Rennrodler Georg Hackl gewann 1992, 1994 und 1998 jeweils Gold (1988 und 2002 noch Silber).

Disziplin und Beharrlichkeit

Erfolgreich Sport zu treiben setzt vor allem zwei Dinge voraus: Disziplin und Beharrlichkeit. Warum? Weil man nur durch stetiges Lernen eine Sportart beherrschen lernt. Und wenn man seinen Sport beherrscht, dann macht er erst richtig Spaß. Dann kann aus Spaß wahre Leidenschaft werden. Und Leidenschaft ist ein sehr viel stärkeres, tieferes, lustvolleres Gefühl als Spaß. Ihr müsst also immer wieder üben, üben, üben. Setzt Ihr ein paar Wochen mit dem Training aus, dann sinkt euer Leistungsniveau rapide ab. Das kann sehr hart sein. Du weißt genau, dass du diesen

Schlag längst beherrschst - und auf einmal unterlaufen dir die einfachsten Fehler. Das ist sehr frustrierend, aber da muss man durch. Trainingspausen werden immer mal vorkommen, sei es wegen Ferien, Verletzung oder Zeitmangel. Auch deshalb braucht ihr Beharrlichkeit.

Die Disziplin ist der Partner der Beharrlichkeit. Beharrlichkeit würde heißen: ja, ich trainiere, aber erst in zwei Stunden. Die Disziplin entgegnet: das Training beginnt in fünf Minuten. Du musst pünktlich sein, sonst geht das Training schon schlecht los. Die Beharrlichkeit lässt dich die Anweisungen des Trainers befolgen. Deine Disziplin sorgt dafür, dass du die Übungen möglichst korrekt und konzentriert durchführst. Die Disziplin erfordert, dass ihr euch in die Trainingsgruppe einordnet. Wenn einer nicht bei der Sache ist, können die anderen die Gruppenübung nicht optimal durchführen, der Lernerfolg ist gefährdet.

Selbsterfahrung beim Sport

Das Schöne und Grausame zugleich beim Sport ist die Tatsache, dass man den Erfolg für seine eigene Leistung unmittelbar erfährt. In der Schule schreibt ihr eine Klassenarbeit. Nachher fragt ihr euch gegenseitig: „Na, wie liefs?" - „Ganz gut", sagst du und bekommst nach zwei Wochen die Klausur zurück. Zensur: vier bis fünf. Mist, denkst du, ich hatte doch eigentlich ein ganz gutes Gefühl. Du versuchst, dich zu erinnern, wie der Tag verlaufen ist, an dem du die Arbeit geschrieben hast: „War ich zu nervös? Müde? Unkonzentriert? War ich schlecht vorbereitet?" - Aber du weißt es nicht genau und nimmst die Note eben hin. Wenn du Pech hast, musst du all die Aufgaben, die du falsch hast, nochmal richtig durchführen, wegen des Lerneffekts, sagt der Lehrer. Reine Schikane, sagst du. Denn was ist schlimmer als all seine dusseligen Fehler nochmals durchzukauen?

Im Sport geht das fairer zu: man bekommt sofort die Rechnung präsentiert: hat man gut und fleißig trainiert, wird man im Wettkampf seine Leistung im Normalfall abrufen. Das merkst du schon beim Aufwärmen: du bist locker, die Bewegungsabläufe sind rund, die Rückhand „kommt". Im Wettkampf bekommst du sofort eine Rückmeldung: dein Gegenspieler umdribbelt dich, die Kampfrichter ziehen schlechte Noten - du weißt Bescheid. Oder aber:

du gewinnst die Zweikämpfe, turnst sauber, „es läuft". Nach dem Wettkampf musst du dich dem Ergebnis stellen: Ich habe meine Leistung abgerufen. Die Trainer sagen gerne: „Du hast umgesetzt , was wir im Training geübt haben." Oder deine Erwartungen werden nicht erfüllt und fragst dich: „Warum hat es nicht geklappt? War meine Vorbereitung nicht gut genug? War ich zu nervös und hektisch? Bin ich ungerecht bewertet worden? Habe ich meine Leistung gebracht, nur der Gegner war einfach besser?

Nach dem Wettkampf geht es darum, die richtigen Schlüsse zu ziehen. Nach einer schwachen Leistung darfst du den Kopf nicht in den Sand stecken. Es ist schwer, nach bitteren Niederlagen weiter zu trainieren, sich neu zu motivieren. Aber gemeinsam mit deinem Trainer analysierst du, was du besser machen kannst. Du lernst aus den Fehlern und wirst besser als vorher, kehrst in den Wettkampf zurück in der Gewissheit, dieses Mal besser vorbereitet zu sein. Das gibt ungemein viel Kraft und Selbstvertrauen. Selbstvertrauen, das du in das Leben außerhalb des Sports mitnimmst.

Der Sport ist noch in einer zweiten Hinsicht fairer als deine Klassenarbeit. Deine Klassenarbeit schreibst du einfach runter. Kann sein, dass du in deiner Erörterung auf einem Irrweg bist, aber du merkst es nicht. Du denkst, du hast einen guten Aufsatz geschrieben, kriegst das Ding zurück: „Thema verfehlt, mangelhaft", na toll. Ein kleiner Tipp während der Arbeit, und du hättest alles korrigieren können und die Zwei dafür bekommen, die dir zugestanden hätte. So bist du ins Verderben gerannt und hast es nicht gemerkt. Im sportlichen Wettkampf ist das sehr oft anders. Ich verliere beim Tennis den ersten Satz. Mein Gegner signalisiert mir also: wenn du so weiterspielst, werde ich gewinnen, Note Fünf für dich. Jetzt habe ich die Möglichkeit, meine Taktik zu ändern. Ich spiele beispielsweise weniger druckvoll, um eigene Fehler zu vermeiden. Prompt unterlaufen meinem Gegner die Fehler, ich gewinne den zweiten Satz. Dann beginnt das Spiel von Neuem. Ich kann auch, wenn es nicht so läuft, mich wieder ins Spiel bringen, indem ich mich noch mehr anstrenge, noch mehr laufe, noch konzentrierter agiere. Ich kann Fehler ausbügeln: die Vorhand war im Aus, die nächsten spiele ich wieder rein. Wir haben ein dummes Gegentor kassiert, aber wir haben noch 30 Minuten, um das Spiel herumzureißen.

Olympische Versager und Pechvögel

Immer wieder kommt es vor, dass den Sportlern kurz vor dem Erreichen des ganz großen Ziels die Nerven versagen. Andere haben einfach nur Pech oder versuchen, mit Schummeln zu Gold zu gelangen. Hier eine kleine Auswahl:

Der Sieger des Marathonlaufs 1904 in St. Louis, **Fred Lorz**, wurde disqualifiziert, weil er sich von einem Auto hatte mitnehmen lassen.

Jürgen Hingsen, dreimaliger Weltrekordhalter und Olympia-Zweiter 1984 in Los Angeles im Zehnkampf, startete als Mitfavorit bei den Spielen 1988 in Seoul. Die erste Disziplin brachte ihm jedoch bereits das Aus, da er beim 100 m-Lauf mit drei Fehlstarts brillierte. Die Öffentlichkeit reagierte mit Ungläubigkeit bis blankem Spott.

Vielseitigkeitsreiterin **Bettina Hoy** ritt 2004 in Athen beim Einreiten versehentlich über die Startlinie, ohne es zu merken (da fälschlicherweise die Zeitmessung nicht auslöste.) Nach einem Protest Frankreichs wurde die Goldmedaille aberkannt.

Juha Mieto musste sich im 15 km Langlauf 1980 in Lake Placid nach 41:57,64 Minuten um eine Hundertstel Sekunde Thomas Wassberg geschlagen geben. Jahre Später verlieh ihm das IOC nachträglich doch noch eine Goldmedaille.

Der deutsche **Carl Kaufmann** lief im 400m Finale 1960 in Rom in 44,9 sec. Weltrekord - und wurde dennoch nur Zweiter. Der U.S.-Amerikaner **Otis Davis** lief zeitgleich über die Ziellinie, die Auswertung des Zielfotos entschied für ihn.

Sich voll reinhängen, jedem Ball und jedem Gegner hinterherlaufen, bis zur Erschöpfung kämpfen, hundertprozentige Aufmerksamkeit - das nennt man „Einsatz". Voller Einsatz ist unerlässlich, wenn man erfolgreich sein will. Und es ist erstaunlich, wieviel man durch Einsatz an Leistung herausholen kann.

Mit der Wahrheit umgehen lernen

Die Wahrheit ist auf dem Platz", lautet eine alte Fußball-Weisheit, die sich auf die anderen Sportarten übertragen lässt. Das heißt: beim Sport bekommt man sehr direkt und schonungslos den Stand seiner eigenen Leistungsfähigkeit präsentiert. „Normalerweise laufe ich meine Jogging-Strecke in 45 Minuten, heute habe ich 48 Minuten gebraucht." „Wir waren heute einfach schlecht und haben verdient verloren." Aber auch: „Das gibt's doch gar nicht, ich wusste gar nicht, dass ich so viel drauf hab!" oder „Ich hab heute alles gegeben. Ich bin stolz auf meine Leistung, auf mich, auch wenn ich verloren habe."
Sport zwingt uns zur Ehrlichkeit. Wir können lernen, unsere Leistung einzuschätzen. Wir spüren, ob wir gut drauf sind, ob das Spiel läuft oder ob Sand im Getriebe ist. Natürlich gibt es viele Sportler, die immer Ausreden parat haben für ihre schlechte Leistung: die äußeren Bedingungen waren schlecht, der Gegner unfair, der Schiedsrichter war gegen mich, ich bin ein bisschen erkältet. Aber die guten Sportler suchen nicht nach Ausreden. Sie wissen, dass die Leistung zusammenhängt mit dem Engagement beim Training. Sie wissen vielleicht auch, dass sie nicht ganz fit waren. Aber sie werden den Ausgang des Wettkampfs als Ergebnis ihrer eigenen Leistung annehmen.

Damit du mich nicht falsch verstehst: Ich möchte nicht behaupten, dass Sport immer auf einen Leistungsvergleich hinauslaufen muss. Man muss nicht immer Topleistungen abrufen, viele wollen dies gar nicht. Ich sage nur: auch die Freizeitsportler treiben Sport lieber gut als schlecht und auch sie merken, ob sie einen guten Tag haben oder nicht, ob ihnen die Übungen gut gelingen oder weniger gut.

Über den Sport kann man also lernen, seine eigenen Leistungen einzuschätzen: kann ich gut Fußball spielen, mittel oder eher schwach? Man lernt seine eigenen Fähigkeiten kennen. Man kann auch seine Grenzen kennenlernen. „Ich trainiere fast jeden Tag, aber ich kann gegen Roger nicht gewinnen." „Vor dem Doppelsalto habe ich einfach Angst. Den kann ich im Moment nicht trainieren." „Ich habs beim HSV versucht, aber in die 1. Mannschaft habe ich es nicht geschafft." Man lernt aber genauso, dass es möglich ist, durch beharrliches Training über seine Grenzen hinauszugelangen: „Ich hätte vor einem halben Jahr nie gedacht, dass ich 10 Kilometer am Stück laufen kann!"; und dass man an bestimmten Tagen sogar über sich selbst hinauswachsen kann: „Sensationell! Ich habe mich in einen wahren Rausch gespielt!"

Ich brauche dir kaum erklären, wie wichtig es ist, sich selbst kennenzulernen. Sich selbst zu kennen, seine Stärken und Schwächen, gibt Selbstvertrauen. Man lässt sich nicht so leicht irritieren, weder von positiven noch von negativen Erlebnissen. „Ich habe dieses Mal zwar eine Fünf geschrieben, aber ich weiß, dass ich im nächsten Aufsatz das Thema nicht wieder verfehlen werde." Aber auch im Umgang mit deinen Freunden ist diese Fähigkeit nützlich. Nur weil einer sagt, du seist dumm/hässlich/arrogant oder ähnliches, brauchst du das noch lange nicht zu glauben. Du weißt es schließlich besser.

Die Akzeptanz des Gegners - Fairness

„Wer gut als Ritter, ist nicht streitbar;
Ein guter Kämpfer wütet nicht" *Lao-tse, Tao-te-King Kapitel 68*

Mit der Wahrheit auf dem Platz gehen noch zwei entscheidende Dinge einher, die wir bereits gestreift haben. Wenn wir verlieren, dann war der Gegner besser. Da gibt es keine Ausflüchte. Wenn deine Mannschaft 89 Minuten das gegnerische Tor berennt, aber keinen Ball ins Tor kriegt, der Gegner aber durch einen Glücksschuss mit 1:0 gewinnt, dann war der Gegner besser. Es mag noch so bitter sein, das müssen wir akzeptieren. Und wir müssen unsere Niederlage akzeptieren. Dem Gegner nach so einer „unverdienten" Niederlage zum Sieg zu gratulieren, zeugt von charakterlicher Größe und Sportsgeist.

Der Gegner verdient unseren Respekt. Ich versuche meine Gegner eher als Spielpartner zu sehen, ohne die ich meinen Sport nicht ausüben könnte. Das ist beim Tennis einfacher als beispielsweise beim Fußball, wo es Körperkontakt und harte Zweikämpfe gibt. Da kann man schon mal aggressiv werden, vor allem wenn man sich weh tut. Eine gewisse Härte ist Teil des Sports. Sich nicht davon provozieren zu lassen und der Härte nach Möglichkeit auszuweichen, ist unsere Aufgabe; genauso wie unnachgiebig gegen den Gegner zu sein, ohne seine Gesundheit zu gefährden, ohne brutal zu sein, ohne gegen die Regeln zu verstoßen. Es ist äußerst schwierig, sein Aggressionen dermaßen zu kontrollieren. Ihr solltet im Sport so zu Werke gehen, dass ihr nach dem Spiel dem Gegner die Hand geben und euch mit ihm unterhalten könnt. Fairness geht vor Erfolg, kein Sieg rechtfertigt unfaire Mittel.

Je körperbetonter eine Sportart ist, desto wichtiger ist es, seine Aggressionen zu beherrschen und seinen Gegner zu respektieren. Insbesondere Tennisspielerinnnen geben sich nach dem Match nur eiskalt die Hand, ohne sich überhaupt anzuschauen . Ist euch dagegen schon mal aufgefallen, dass Boxer sich nach zwölf Runden hartem Schlagabtausch mit von den Hieben geschwollenen Gesichtern um den Hals fallen wie verliebte Pärchen im Frühling? Eben haben sie noch aufeinander eingeprügelt und im nächsten Moment scheinen sie die besten Freunde zu sein. - Klar, bei

Kampfsportarten ist es besonders wichtig, die Aggressionen zu kontrollieren, Gefühle wie Wut oder Ärger aber auch Euphorie zu beherrschen. Das nämlich ist die Kunst: bei allem körperlichen Einsatz kühlen Kopf und Ruhe zu bewahren. Wer von euch Judo macht, der weiß, wieviel Wert die Trainer darauf legen, dass ihr eure Gegner respektiert. Ihr wollt euren Gegner nicht verletzen, ihm nicht weh tun. Aber ihr wollt den Kampf nach den Regeln der Kampfkunst gewinnen; ihr wollt den Ball haben oder den Gegner am Torschuss hindern. Aber fair, immer mit dem Ziel, die Regeln einzuhalten.

Friedliche Spiele

Für **Pierre de Coubertin** sollten die Olympischen Spiele der Neuzeit unter dem Motto der Fairness stehen. Den Traum, dass während der Spiele Friede auf der Welt herrsche, wie dies in der Antike Brauch war, um den Sportlern die gefahrlose An- und Abreise zu garantieren, konnte er aber nicht verwirklichen. Dass zu Beginn der Spiele 1896 (wie auch bei den ersten Spielen nach dem I. Weltkrieg 1920 in Antwerpen) Friedenstauben aufstiegen, hatte leider nur symbolischen Wert. Während des I. und II. Weltkriegs wurden keine Olympischen Spiele ausgetragen.

Damit einher geht, dass man bei allem Gewühle, bei aller Angespanntheit, bei allem Durcheinander den Überblick nicht verlieren darf. Wenn ihr Wettkämpfe bestreitet, kennt ihr solche Situationen. Das Spiel läuft, um dich herum Gegner und Mitspieler, alles geht rasend schnell. Die Zuschauer und Betreuer brüllen hektische Anfeuerungen und Hinweise aufs Spielfeld, du bist ständig unter Druck, dein Gegenspieler verlangt dir alles ab. Vorhin hat er dich gefoult, dein Bein tut weh, und mit deiner Kondition ist es auch nicht mehr zum Besten bestellt. Du hast den Ball. Jetzt ruhig bleiben. Jetzt das machen, was wir seit Wochen trainieren. Jetzt nicht hektisch werden, den Kopf hoch, wo kann ich hinspielen? - Das ist verdammt schwer. Oder beim Turnen: wochenlang hast du dich auf den Wettkampf vorbereitet. Jetzt ist der Tag gekommen. Du hast unruhig geschlafen, bist nervös. Jetzt nur keinen Patzer machen. Du gehst deine Übung in Gedanken nochmals durch, und dir fällt wieder ein, dass du bei dem einen Teil vorgestern die Übung abbrechen musstest. Die Oma ist zu Besuch, für die Mannschaft musst du ein gutes Resultat bringen. In fünfzehn Sekunden ist die Übung vorbei, ein Fehler und alles ist dahin. Jetzt kühl und ruhig zu bleiben, ist verdammt schwer. Ihr könnt alle mächtig stolz auf euch sein, wenn euch das in solchen Momenten gelungen ist!

Das Zitat von Lao-tse, das ich dem Kapitel vorangestellt habe, beschreibt in wenigen Worten das, was ich eben umständlich auf den Sport bezogen dargestellt habe. Es ist weit über 2000 Jahre alt. Ein guter Kämpfer - sprich Sportler - stürmt nicht blindlings los. Vielmehr ist er extrem aufmerksam, konzentriert und ruhig. Er nutzt die Gesetzmäßigkeiten des Spiels zu seinem Vorteil und ist seinem Gegner dadurch einen Schritt voraus. Er ahnt, was der Gegner als nächstes vor hat. Er ist wachsam, so dass er genau im richtigen Moment zuschlagen und den Gegner bezwingen kann. Wenn man sich so sehr auf den Augenblick konzentrieren kann, dass man auch unter großem Druck seine volle Leistung abrufen und die vorgegebene Taktik umsetzen kann, dann spricht man von mentaler Stärke. Dazu gehört auch Folgendes: es ist wichtig, das mögliche Resultat eines Wettkampfs völlig auszublenden. Wir müssen uns freimachen von den Gedanken: „Was wäre, wenn..." Wenn ich daran denke, dass mir noch zwei Punkte zum Turniersieg fehlen, daran, dass ich alleine vor dem Tor den Ball unbedingt treffen muss, um meine Mannschaft in Führung zu bringen, dann wird es sehr schwer. Während des Sporttreibens sollte man nur an die augenblickliche Situation denken, wenn man erfolgreich sein will. Das klingt paradox, und dennoch ist es so. Vielleicht hilft es dir, wenn du dir meinen Lieblingsspruch merkst: „Verlieren ist wie gewinnen, nur andersrum."

Sämtliche asiatischen Kampfkünste wie Kung Fu oder Judo gründen im Prinzip auf diesen Grundgedanken des Lao tse. Die sportlichen Übungen gehen einher mit meditativen Lektionen, in denen gelehrt wird, sich nur auf das Wesentliche, auf die eigene Mitte zu konzentrieren. Vielleicht habt ihr schon einmal Reportagen über die Mönche im Shao-lin Kloster in China gesehen. Die Meister dieser Kunst bringen es zu unglaublicher Körperbeherrschung. Sie können Schmerzen durch Konzentration kurzzeitig ausschalten und praktisch übermenschliche Dinge vollbringen. Doch ist dies für sie nur das relativ unwichtige spektakuläre Äußere. Wichtiger ist ihnen, dass sie mit sich selbst im Reinen sind, dass sie keine negativen Gefühle plagen, dass sie praktisch be-

dürfnislos sind, weil sie sich gefunden haben.

Das klingt alles recht mystisch, ich weiß. Aber es ist auch mystisch, das heißt undurchschaubar und tiefgründig. Wir Freizeitsportler sollten uns zu eigen machen, dass nicht unbedingt der Kräftigste den Wettkampf gewinnen muss. Ebenso wichtig wie Muskelkraft ist der Kopf, das heißt der Wille, die Taktik, die Ruhe, die Übersicht. Dies führt uns zu unserem nächsten Punkt.

Der Wille

Er hätte ein großer Sportler werden können, aber ihm fehlte die richtige Einstellung." Hast du schon mal solch einen Satz gehört?

Du kennst das aus eigener Erfahrung: du rotzt die Hausaufgaben einfach so hin, weil du keine Lust oder keine Zeit hast. Am liebsten hättest du sie gar nicht gemacht, aber die Androhung von Strafen steht dagegen. Ein andermal hast du richtig Lust darauf. Das Thema interessiert dich und du willst es richtig gut bearbeiten. Du gibst dir Mühe und konzentrierst dich lange darauf.

Im Training ist das ganz ähnlich: einige Jungs machen die Übungen, die ich vorgebe, sehr gewissenhaft, auch die einfachen. Die anderen machen die Übung auch, aber irgendwie lasch. Sie sagen: „Hä, was soll das denn, das kann ich schon!" Ich sage: spielt den Ball schnell", sie spielen langsam. Ich sage: „bewegt euch immer zwei, drei Schritte zum Ball und wieder zurück", sie bleiben auf einer Stelle kleben. Die ersten Jungs haben verschwitzte T-Shirts an, die der anderen sind trocken. Die verschwitzten Jungs stehen nach der Übung fragend vor mir: „Und was machen wir jetzt?" - Die anderen laufen davon und raufen oder unterhalten sich über die Playstation. Diese Jungs sind es auch, die beim Spiel die Schienbeinschützer vergessen haben... . Die anderen bringen ihre Eltern dazu, nicht ins Wochenende zu fahren: „Papa, das geht nicht, ich habe am Samstag ein Spiel!"

Du weißt, was ich meine. Die gewissenhaften Jungs werden über kurz oder lang die anderen überflügeln, wenn unter denen auch die Talentierteren sind. Denn wie gesagt: wer nicht trainiert, wird schwächer. „Die anderen trainieren doch aber auch", sagst du. Richtig. Aber die Übung erzielt bei denen kaum

Die Olympische Bewegung

Treibst du Sport im Verein? Dann gehörst auch du der Olympischen Bewegung an, ob du willst oder nicht. Die umfasst unter anderem die nationalen Sportverbände, die Vereine sowie die Personen, die ihnen angehören. - So steht es in der olympischen Charta. In ihr sind die Grundsätze, die sich das Internationale Olympische Komitee (IOC) gegeben hat, niedergelegt. Das IOC ist die oberste Institution der olympischen Bewegung. Es hat sich zur Aufgabe gemacht, den Olympismus zu fördern. Was ist der Olympismus? Zunächst ist er eine fixe Idee de Coubertins. Die sportliche Betätigung solle die körperliche Stärke fördern, dies wiederum sei vorteilhaft für die Willenskraft und den schöpferischen Geist des Menschen. Durch den Sport könne der Einzelne zur Ausbildung seiner besten Fähigkeiten gelangen, auch in kultureller Hinsicht. Folgerichtig rief de Coubertin auch olympische Kunstwettbewerbe ins Leben, die allerdings bei den Olympischen Spielen in London 1948 letztmalig ausgetragen wurden. Außerdem betrachtete er den Sport als die große Chance, Menschen in friedlicher, freundschaftlicher Absicht zusammenzuführen. Durch seine olympische Bewegung, an deren Spitze er die Olympischen Spiele stellte, sollten Rassenunterschiede und Feindschaften unter den Völkern begraben werden.

In der olympischen Charta finden sich diese Werte Coubertins wieder: Das IOC arbeitet daran, den Sport in den Dienst der Menschheit zu stellen. Es gilt der strikte Grundsatz der Gleichheit von Mann und Frau. Das IOC pflegt und fördert die Ethik des Sports, ächtet Gewalt und richtet alle Anstrengungen auf das Fairplay. Es wacht auch darüber, dass die Probleme der Umwelt beachtet werden. Zudem ist jede Form der Diskriminierung mit der olympischen Bewegung unvereinbar. All diese Grundsätze stehen im Zentrum der olympischen Bewegung, sie sind alle in der olympischen Charta niedergelegt.

Olympismus ist eine Lebenseinstellung, die in einem ausgewogenen Ganzen die Fähigkeiten des Körpers und des Geistes vereint und erhöht. Durch das Verschmelzen des Sports mit Kultur und Erziehung versucht der Olympismus, eine Lebensart zu entfalten, die auf der Freude gründet, die die Anstrengung, der erzieherische Wert des guten Beispiels und der Respekt vor ethischen Grundsätzen hervorbringen.

einen positiven Effekt. Sie bringt nur dann etwas, wenn man sie richtig ausführt. Dann kann man in seinem eigenen Spiel davon profitieren. Sich anzustrengen, an seinen Schwächen wie an seinen Stärken zu arbeiten, sich zu konzentrieren, bringt unheimlich viel. Talent alleine reicht bei weitem nicht. Man muss wollen. Man muss trainieren, sich verbessern, Sport treiben wollen. Man muss sich überwinden wollen und weiter machen, wenn die Beine schon schwer werden. Man muss sich selbst disziplinieren und pünktlich sein. Man muss manchmal auch seinem Sport zuliebe auf etwas verzichten. - Ich kenne keinen Trainer, der nicht genervt ist, wenn Spieler ausfallen, weil sie zu einer Geburtstagsfeier eingeladen sind oder selbst Geburtstag feiern. Ich halte dagegen: Kann man etwas Schöneres am eigenen Geburtstag erleben als einen grandiosen Wettkampf mit einem tollen Sieg, den man gemeinsam mit Sportskameraden feiert?

Du spielst ein- bis zweimal in der Woche Tennis. Du versuchst immer, dein Bestes zu geben, dich voll reinzuhängen. Du treibst dich an, wenn deine Beine etwas müde werden. Dabei hoffst du auf einen sogenannten „Lauf", wenn alles praktisch von alleine geht. Ohne nachzudenken spielst du dann den richtigen Ball, alles scheint zu gelingen. Du kannst einfach drauf los spielen, musst dich nicht um deine Technik kümmern, nicht auf Wind und Gegner achten, sondern kannst einfach dein Spiel machen. Es ist das Größte, wenn das gelingt. Aber wie gesagt: das klappt auch nur, wenn du über Wochen regelmäßig trainierst: mit Leidenschaft, mit Power und Konzentration. Mit der richtigen Einstellung kannst du wirklich sehr viel erreichen.

In Ausdauersportarten wie beim Marathonlauf ist der Wille noch viel entscheidender. Der Körper sendet fortwährend Signale ans Gehirn, die zum Innehalten auffordern. Das Weiterlaufen, auch wenn man denkt, es geht nicht mehr, ist reine Willenssache. Durch unseren Willen können wir Leistungen erreichen, die wir nicht erwartet hatten. Auch ein enges Tennismatch ist oft vom Willen der Kontrahenten bestimmt. „Ich wollte den Sieg unbedingt", sagt der Sieger nach dem Match. Das heißt: er konnte sich trotz müder Beine und teilweise schwacher Schläge besser auf das Wesentliche konzentrieren. Unseren Willen können wir im Alltag oft nicht zur Geltung bringen. Beim Sport merken wir, was er vermag.

Körperliche Voraussetzungen beim Sport

4

Im Zentrum des Sports steht das Training. Sport ist verbunden mit automatischen Bewegungsabläufen und körperlicher Fitness, die man sich im Training durch Üben aneignet. Was passiert im Körper, wenn wir trainieren? Welche Fähigkeiten eignen wir uns an, welche benötigen wir für welche Sportarten? Sportmedizin und Trainingslehre beschäftigen sich mit diesen Fragen.

Beim Sporttreiben werden zum einen das Herz-Kreislaufsystem, zum anderen der Bewegungsapparat angesprochen. Kraft, Schnelligkeit, Ausdauer und Beweglichkeit sind gefragt, die sogenannten physischen (=körperlichen; im Gegensatz zu psychisch=geistig, seelisch) Leistungsfaktoren. Diese Leistungsfaktoren werde ich im Folgenden darstellen.

Die Kraft

Ihr kennt sicherlich Fotos von Bodybuilding-Weltmeistern mit Muskeln wie Berge, Oberarmen dicker als unsere Oberschenkel und Schultern so breit, dass die Sportler in keine normalen Klamotten passen. Stellt euch daneben Boxer oder andere austrainierte Kampfsportler vor. Das sind zumeist drahtige Typen, die auch Kraft haben müssen. Aber dennoch sind bei denen keine riesigen Muskeln zu erkennen. Wieso ist das so? Wieso blähen sich die Muskeln beim Bodybuilder so auf, während sie beim Kampfsportler kaum zu sehen sind?

Der Muskel besteht aus Muskelfasern. Die ziehen sich zusammen, sobald sie durch den Reiz einer Nervenfaser stimuliert werden. Dies verursacht die Bewegung. Je stärker der Reiz ist, desto mehr Muskelfasern ziehen sich zusammen, desto kräftiger fällt also die Reaktion des Muskels aus. Diesen Prozess können wir willentlich steuern, das heißt wir können mit Absicht langsamer oder schneller laufen beispielsweise. Wenn wir sprinten, werden stärkere Reize an die Muskelfasern gefeuert, es ziehen sich mehr Fasern zusammen. Das führt zu einer dynamischen Bewegung, aber auch zu einer schnellen Ermüdung.

Die Größe unserer entwickelbaren Kraft hängt hauptsächlich vom Muskelfaserquerschnitt und von der Muskelfaserzahl ab. Durch entsprechendes Training können wir zwar nicht die Anzahl unserer Muskelfasern vergrößern, aber ihr Querschnitt vergrößert sich. Eine für die Kraftentfaltung gewisse Rolle spielt auch die Faserstruktur. Dabei werden „weiße" von „roten" sowie „intermediären" Fasern unterschieden. Die weißen werden eher bei Krafttraining angesprochen, die roten eher bei Dauertraining.

Aus dem Aufbau unserer Muskeln ergeben sich unterschiedliche Formen der Kraft: Die **Maximalkraft** ist die höchste Kraft, die wir aufbringen können. Die versucht zum Beispiel der Bodybuilder zu trainieren. Die Maximalkraft entspricht allerdings nur etwa 80 % unserer tatsächlich von den Muskeln zu leistenden Kraft, der **Absolutkraft.** Es besteht eine 20 %ige geschützte Leistungsreserve, auf die der Körper nur in extremen Situationen, wie zum Beispiel bei extremer Wut, großer Angst oder Lebensgefahr zurückgreift. Mit unserem Willen können wir auf diese letzten 20 % unseres Leistungsvermögen nicht zurückgreifen. Das macht auch Sinn, wie man schon bei gedopten Sportlern feststellen musste. Durch bestimmte Substanzen kann man den Körper dazu bringen, die letzten Kraftreserven zu mobilisieren. Schöpft man diese Kraftreserven aus, führt dies zu einem totalen Erschöpfungszustand, der lebensbedrohlich sein kann. Und tatsächlich sind gedopte Sportler schon an Kollaps gestorben, wie der Radsportler Tom Simpson, der im Jahr 1967 bei der Tour de France beim Anstieg zum Mont Ventoux praktisch tot vom Rad fiel. Mit der Kraftreserve baut der Organismus diesem lebensgefährlichen totalen Erschöpfungszustand vor.

Die **Schnellkraft** ist die Fähigkeit, eine möglichst große Kraft in einer ganz kurzen Zeit zu entfalten. Ein Boxhieb muss extrem schnell sein, um überhaupt ins Ziel zu kommen, und gleichzeitig noch kräftig, um Wirkung zu hinterlassen. Der Weitspringer hat nur etwa eine Zehntelsekunde Zeit, um seine Kraft beim Absprung in Weite umzusetzen. Für die Schnelligkeit bedarf es der Leichtigkeit. Die Sportler bilden keine schweren Muskelpakete aus, sie wirken vielmehr drahtig und geschmeidig. Denkt dagegen an die Bodybuilding-Bären: man kann sich gar nicht vorstellen, wie die überhaupt weitspringen würden.

Bei der **Kraftausdauer/Ausdauerkraft** kommt es auf die Fähigkeit an, Kraftleistungen über einen längeren Zeitraum zu erbringen, wie beispielsweise beim Rudern oder Turnen. Wird eher die Kraft angesprochen wie bei einem Turner, der am Pferd oder an den Ringen für eine Übung extrem große Kraft aufwenden muss, spricht man von Kraftausdauer. Der Crossläufer, der 20 Minuten lang volles Tempo durch das Gelände rennt, braucht Ausdauerkraft.

All diese Kraftarten können wir durch spezielle Übungen gezielt trainieren. Aber davon werde ich im nächsten Kapitel berichten, wenn es um die Trainingslehre geht. Zunächst stelle ich noch die anderen Leistungsfaktoren vor.

Die Schnelligkeit

Was Schnelligkeit ist, brauche ich euch nicht zu erklären, denke ich. Ich möchte euch nur darauf hinweisen, dass damit nicht nur das Geradeauslaufen, sondern der ganze Körper angesprochen ist. Ein Gesichtspunkt ist hier die **Reaktionsschnelligkeit**. Die kann man messen, indem man dem Sportler auf einem Monitor eine Veränderung zeigt, auf die er mit einem Knopfdruck reagieren sollt. Es geht also darum, wie schnell er in der Lage ist, ein empfangenes Signal in Handlung umzusetzen. Normalerweise braucht man dazu drei Zehntel Sekunden. Diese Reaktionszeit lässt sich kaum durch Training verbessern. Üblicherweise sind die im Sport geforderten schnellen Reaktionen wesentlich komplexer als das Bewegen eines Fingers, der einen Knopf betätigt. Und diese komplexen Reaktionen wie beispielsweise die Reaktion auf eine Unebenheit beim Skifahren oder das sichere Abwehren des Balles eines Torhüters lassen sich durch ständige Wiederholungen sehr gut trainieren. Man nennt dies bedingte Reflexe: man macht nicht irgendeine Reaktion, sondern eine einstudierte, gezielte, die, weil sie so oft wiederholt worden ist, bereits automatisch erfolgt.

Diese bedingten Reflexe gehen bereits über in die **motorische Aktionsschnelligkeit**, die einer guten Koordinationsfähigkeit bedarf. So muss der Tennisspieler in voller Dynamik dennoch sehr präzise agieren, um den Ball schnell ins gegnerische Feld zu spielen. Oder der Eisschnellläufer muss in extrem hoher Frequenz die Kufen ganz exakt setzen, um schnell zu sein und dennoch nicht zu stürzen.

Treten dagegen höhere Widerstände auf, so spricht man von **Kraftschnelligkeit**. Die ist zum Beispiel beim Anschieben eines Bobs gefragt.

Die Ausdauer

Unsere Muskeln arbeiten, indem sie Energie verbrauchen. Diese Energie wird durch den Stoffwechsel bereitgestellt. Insbesondere Glukose, das ist eine Form von Zucker, wird in den Muskelzellen in Energie umgewandelt und damit „verbrannt". Für die Verbrennung der Substanzen in den Muskeln ist Sauerstoff notwendig. Die Muskeln arbeiten aber auch, indem sie eine Sauerstoffschuld eingehen. Ich möchte hier nicht auf die recht komplizierten zellulären und chemischen Prozesse eingehen. Aber die Konsequenzen dieser Vorgänge sind für uns Sportler von solch zentraler Bedeutung, dass ich auf den Unterschied zwischen den beiden Formen der Energiebereitstellung eingehen muss.

Die aerobe Glukoseverwertung
„Aerob" heißt so viel wie „Sauerstoff zum Leben brauchend". Über die Atmung wird Sauerstoff in die Lungen gepumpt. Dieser wird ans Blut weitergegeben, das den Sauerstoff zu den Muskelzellen befördert. In den Zellen wird er in einer chemischen Reaktion unter anderem mit Glukose zu Energie umgewandelt. Der leistungslimitierende Faktor ist hierbei das Herz-Kreislaufsystem. Dies beginnt mit der Fähigkeit der Lungen, über die Atmung Sauerstoff auf-

zunehmen. Das heißt: die Lunge ist in ganz dünne Röhrchen verästelt, an deren Enden die Lungenbläschen (Alveolen) sitzen. Diese Lungenbläschen sind die Schnittstelle zum Blut. Sie geben den Sauerstoff an die an ihnen angedockten feinen Blutgefäße ab. Diese Blutgefäße transportieren das mit dem Sauerstoff angereicherte Blut zum Herzen. Das Herz pumpt das Blut in die Muskeln. Die Muskeln ziehen sich dann den Sauerstoff heraus, den sie gerade brauchen. Das sauerstoffarme Blut fließt zurück in

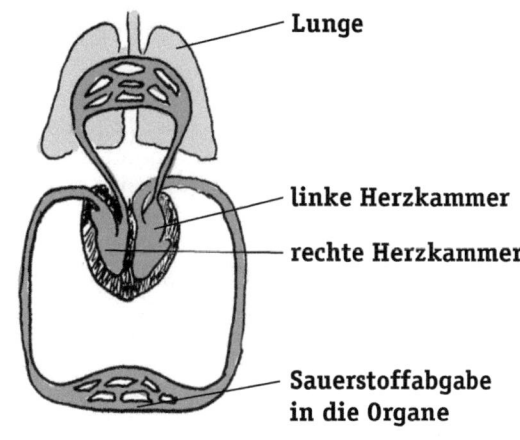

Lunge

linke Herzkammer

rechte Herzkammer

Sauerstoffabgabe in die Organe

die Lunge zu den Alveolen, um erneut mit Sauerstoff angereichert zu werden. Auf diese Weise kann bei trainierten Sportlern über einen sehr langen Zeitraum die benötigte Energie bereitgestellt werden, ohne dass wesentliche Ermüdungserscheinungen auftreten. Es ist allerdings klar: je mehr Sauerstoff bei den Muskeln ankommt, desto höher ist deren Leistungsfähigkeit. Und je länger die Bereitstellung funktioniert, desto länger halten wir eine Ausdauerbelastung durch.

Bei diesem Prozess gibt es insbesondere zwei messbare Größen, die die Leistung eines Ausdauersportlers beeinflussen, und die er trainieren kann. Zum einen die Fähigkeit der Lungenbläschen, Sauerstoff an das Blut abzugeben. Die Höchstwerte liegen hier für Normalpersonen bei etwa 2000 Milliliter pro Minute (Frauen) und 3000 Milliliter pro Minute (Männer). Bei Spitzensportlerinnen wurden bis zu 4.500, bei Spitzensportlern über 6.000 ml/min gemessen.

Die zweite bestimmende Größe bildet der Herzmuskel. Auch dessen Arbeit ist messbar. Was passiert, wenn du eine Weile gelaufen bist? Dein Herzschlag hat sich erhöht, du spürst richtig das Klopfen in der Brust. Auf diese Belastung reagiert das Herz also mit erhöhter Frequenz. Diese hohe Frequenz ist aber recht unökonomisch, du gerätst schnell außer Puste. Ein größerer Herzmuskel kann mit einem Schlag mehr Blut in den Kreislauf pumpen. Deshalb muss er

Marathonlauf

Der Ursprung des Marathonlaufs ist von einer Legende umrankt. Er stand von Anfang an auf dem olympischen Programm, weil er wie Diskuswerfen oder Ringen seine Wurzeln in der Antike hat: Im Jahr 490 v. Chr. siegte ein athenisches Heer in der Ebene von Marathon, einer Ortschaft nordöstlich von Athen, über persische Truppen. Die Siegesnachricht soll von einem Boten namens **Pheidippides** überbracht worden sein, der sich beim Laufen dermaßen verausgabt hat, dass er in Athen tot zusammenbrach. - Der Marathonlauf bei den Spielen in Athen 2004 führte übrigens tatsächlich von Marathon nach Athen!

Auch in der Neuzeit bietet die Königin der Ausdauersportarten Stoff für außergewöhnliche Geschichten und Kuriositäten, hier eine Auswahl:
Da natürlich niemand weiß, wie weit der athenische Läufer, so er denn tatsächlich gelaufen ist, die Botschaft wirklich trug, war zunächst die genaue Distanz des Marathonlaufs umstritten. Bei den ersten Spielen 1896 in Athen betrug sie 42 km, in Paris 1900 40,26 km. In London wurde die Strecke auf 42.195 m festgelegt. Die königliche Familie hatte angeblich darum gebeten, die Läufer sollten am Schloss Windsor vorbeilaufen, damit die Kinder einen Blick auf sie werfen konnten. Bis zum Stadion waren es dann diese 42.195 Meter, die sich letztlich als Standarddistanz durchsetzten.

Die Männer trauten den Frauen lange Jahrzehnte eine solche Energieleistung wie den Marathon nicht zu. Für Frauen wurde der Marathonlauf erst im Jahr 1984 olympisch. Aber auch die Herren taten sich zunächst schwer mit der extremen Distanz. Auf der letzten Runde des olympischen Marathonlaufs im Jahr 1908 brach der Führende, der Italiener **Dorando Pietri**, vor Erschöpfung viermal zusammen, rappelte sich aber dreimal von selbst wieder auf und taumelte dem Ziel entgegen. Nach dem vierten Einbruch griffen ihm zwei gutmeinende Zuschauer unter die Arme. Daraufhin wurde der gefeierte Olympiasieger wegen „Inanspruchnahme fremder Hilfe" disqualifiziert, obwohl er beteuerte, die Hilfe nicht erbeten zu haben. Später hieß es, der Kollaps sei weniger seinem Erschöpfungszustand als vielmehr dem Dopingmittel Strychnin geschuldet gewesen.

Eine ähnlich furchtbare letzte Runde erlebte die schweizer Marathonläuferin **Gabriela Anderson-Schiess** ausgerechnet beim ersten Olympia-

Marathon der Frauen 1984 in Los Angeles. Sie torkelte, konnte sich kaum auf den Beinen halten und sah aus wie ein Mensch mit epileptischem Anfall und Lähmungen gleichzeitig. Die Zuschauer quittierten dies mit einer Mischung aus Grusel, Entsetzen, Sorge, aber auch Hochachtung. Frag mal deine Eltern, die erinnern sich bestimmt heute noch daran! Ursache für diese Vorstellung war übrigens Dehydrierung: die Sportlerin hatte bei schwülem, heißem Wetter viel zu wenig Flüssigkeit zu sich genommen.

In den Anfangszeiten der Spiele mussten viele Sportler halb betrunken ins Ziel gekommen sein. Denn zunächst war es verboten, während des Laufs Wasser zu trinken, und so spülten einige Athleten ihre Portion Strychnin (eingenommen zur Unterdrückung der Schmerzen) mit Schnaps hinunter - das war erlaubt!

Es ist unwahrscheinlich, dass auch eine Frau namens **Melpomene** zu denselben Methoden gegriffen hat. Immerhin wird von ihr überliefert, dass sie verbotenerweise als Frau unerkannt beim Marathonlauf 1896 in Athen mitgelaufen sei und nach respektablen viereinhalb Stunden ins Ziel kam.

Im Jahr 1904 ließ sich **Fred Lorz** von einem Begleitfahrzeug mitnehmen und lief somit als Erster über die Ziellinie. Er wurde natürlich disqualifiziert und auch gesperrt.

Der Äthiopier **Abebe Bikila** lief 1960 barfuß zu Gold.

Der bis dahin mit 48 sec führende Brasilianer **Vanderlei de Lima** sah bei den Spielen 2004 in Athen 8 km vor dem Ziel wie der sichere Sieger aus, als er von einem geistig Verwirrten Zuschauer von der Straße gezerrt wurde. Der Zwischenfall kostete ihn etwa 20 Sekunden, so dass er 5 km vor dem Ziel von **Stefano Baldini** und **Mebrahtom Keflezighi** überholt wurde und schließlich Bronze errang.

weniger häufig schlagen. Bei Ausdauerbelastungen wird er seine Frequenz nicht so stark erhöhen müssen. Bei normalen Erwachsenen stößt das Herz mit einem Schlag 600 bis 800 ccm Blut aus. Bei Trainierten liegt der Wert bei über 1.000 ccm, bei Spitzensportlern, zum Beispiel Radprofis, kann er selbst 1.500 ccm überschreiten. Dem entsprechend ist die Herzschlagfrequenz von Ausdauersportlern niedriger als von Normalpersonen. Beträgt die Pulsfrequenz bei normalen Erwachsenen in Ruhe zwischen 60 und 80 Schlägen pro

Minute, so liegt er bei Ausdauersportlern eher zwischen 30 bis 40 Schlägen pro Minute. Zudem ist der Herzmuskel bei Trainierten besser durchblutet, was sich auch positiv auf Gesundheit und Belastbarkeit auswirkt.

Zur aeroben Glukoseverwertung ist noch ein weiterer Faktor von Bedeutung, den ich hauptsächlich deshalb erwähne, weil er leider später im Kapitel um Doping eine Rolle spielen wird. Wir haben gesehen, dass das Blut den Sauerstoff transportiert. Das Blut setzt sich aus unterschiedlichen Bestandteilen zusammen. Manche sind zum Schutz der Gesundheit da, indem sie fremde Partikel bekämpfen. Diejenigen Blutkörperchen, die für den Transport des Sauerstoffs verantwortlich sind, nennt man Erythrozyten oder rote Blutkörperchen. Wenn mehr rote Blutkörperchen im Blut sind, kann mehr Sauerstoff von den Lungen zu den Muskeln transportiert werden, so dass die leistungsfähiger arbeiten. Das gleiche gilt für die Gesamtmenge an Blut im Körper: normalerweise hat der Erwachsene zwischen sieben und acht Liter Blut im Kreislauf. Je mehr Blut und je mehr rote Blutkörperchen in den Bahnen zirkuliert, desto mehr Sauerstoff kann prinzipiell transportiert werden.

Die anaerobe Glukoseverwertung

Die Muskeln arbeiten auch, indem sie eine Sauerstoffschuld eingehen. Dies ist der Fall, wenn wir aufgrund hoher Kraftanstrengung eine große Energiemenge benötigen. Der Organismus kann keine größeren Sauerstoffmengen speichern, deshalb greifen die Muskeln auf bestimmte körperliche Substanzen, die Kohlenhydrate, zurück. Diese werden in chemischen Prozessen in Glukose umgesetzt, die die Muskeln verbrennen können. Diese Art der Glukoseverwertung weist allerdings eine geradezu verheerende Energiebilanz auf. Der anaerobe Zerfall von Kohlenhydraten bewirkt eine viel geringere Energiemenge als der aerobe Abbau von Glukose. Ihr wisst ja auch alle, dass unsere Muskeln beim Sprint viel schneller ermüden als beim lockeren Dauerlauf.

Die aerob-anaerobe Schwelle

Die Schwelle, an der der Körper umstellt von aerober zu anaerober Glukoseverwertung ist bei jedem Menschen unterschiedlich. Sie hängt wesentlich vom Trainingszustand des einzelnen ab. Je effizienter der Herz-Kreislaufapparat und damit die Bereitstellung von Sauerstoff funktioniert, desto höhere

Belastungen kann der Organismus durch aerobe Glukoseverwertung bewältigen. Dies spielt insbesondere in der Trainingslehre eine Rolle, wir werden darauf zurück kommen.

Die Beweglichkeit

Die meisten Sportler wollen es ja nicht wahrhaben: auch die Beweglichkeit ist ein wichtiger Leistungsfaktor, der trainiert werden sollte. Das Gestöhne und Geächze ist groß, wenn der Trainer mit euch gymnastische Übungen machen lässt. Bei der Beweglichkeit spielt die Dehnbarkeit der Muskulatur, Sehnen, Bänder und Gelenkkapseln eine Rolle. Beim Turnen liegt es auf der Hand, warum ich beweglich sein muss. Hier gehören Übungen wie Spagat zum normalen Programm. Auch bei Ballsportarten ist es relativ klar. Ball und Gegner machen oft unerwartete Bewegungen, denen ich schnell folgen muss. Wendigkeit ist gefragt, schnelle Richtungswechsel, ein langer Ausfallschritt. Bei Kampfsportarten wird noch ein weiterer wichtiger Punkt offenbar: das Verletzungsrisiko. Der Kämpfer muss den Angriffen des Gegners ausweichen. Und er muss, wird er doch gepackt, sich so bewegen, dass er sich bei einem harten Zugriff seines Gegners oder beim Fallen auf die Matte nicht verletzt. Dasselbe gilt für alle Sportarten mit Körperkontakt. Aber es geht noch weiter: ein dehnbarer, geschmeidiger Muskel ist prinzipiell weniger verletzungsanfällig. Hinzu kommt noch eine weitere Erkenntnis aus der Trainingslehre: ein vorgedehnter Muskel kann eine größere Kraft entwickeln als ein nicht vorgedehnter.

5

Was ist Training?

Wie oft in der Woche treibst du Sport? „Ich habe zweimal in der Woche Fußballtraining", sagst du. Und was macht ihr im Fußballtraining? - „Kicken!", sagst du. - Klar, hätte ich auch selbst drauf kommen können. Einfach nur kicken? - „Nein, zuerst müssen wir ein paar Runden um den Platz laufen. Dann machen wir einige komische Übungen, vielleicht ein bisschen Torschuss, bis wir zum Schluss endlich ein Spiel machen." - Aha, das hört sich schon eher nach Training an.

Nicht jedes Sporttreiben ist Training. Am Wochenende hast du einen Wettkampf. Da kannst du zeigen, was du im Training gelernt hast. Oft bolzt ihr mit Freunden auf dem Pausenhof. Das ist zwar Sport, aber kein Training.

Ich kann mir hier ein wenig Kritik nicht verkneifen: mein Sohn Anton ist zwölf Jahre alt. Manchmal lass ich mich überreden, mit ihm zum Bolzplatz zu gehen. Zumeist sind dort bereits andere Kinder und Jugendliche am Spielen, die lassen uns fast immer mitspielen, das finde ich super. Aber richtig gespielt wird eigentlich eher selten. Zunächst wird um die Aufteilung der Mannschaften gefeilscht. Das kann schon mal eine Viertelstunde dauern. Dann geht das Spiel endlich los. Jeder macht, wozu er gerade Bock hat. Die Älteren spielen die Kleinen aus, die überhaupt keinen Ball bekommen. Die Kleinen wiederum sind oft so eingeschüchtert, dass sie sich gar nicht mitzuspielen trauen. Oder es wird nach Herzenslust gefoult. „Hey, hallo, Freistoß!" - „Bist du bescheuert?" - Krach und Frust ist somit vorprogrammiert. Also wird nach zehn Minuten des Spiels wieder diskutiert: „Ich hab keinen Bock mehr!" - „Spiel doch mal ab!" - „Ich geh nach Hause!" - „Wir brauchen neue Mannschaften."

Das Gedaddel auf dem Bolzplatz ist, auch wenn es gut läuft, Spiel, aber kein Training. Was zeichnet das Training aus? Zwei Dinge: zum einen die Zielgerichtetheit, zum anderen eine gewisse Systematik. Was heißt das?

Stell dir vor, du bist Trainer. Vielleicht trainierst du ja bereits eine Jugendmannschaft. Als Trainer willst du den Sportlern etwas beibringen. Im Jugendbereich sind dies zum einen die allgemeinen körperlichen Fähigkeiten wie Beweglichkeit, zum anderen die Grundlagen der Sportart, die du trainierst. Du hast also bestimmte Ziele. Jetzt überlegst du dir, wie deine Trainingsgruppe diese Ziele erreichen kann. Du machst einen Plan. Zum einen planst du langfristig: die Kinder sollen in einem Jahr die technischen Grundlagen für Vorhand und Rückhand erlernen, dazu insbesondere ihre Beweglichkeit geschult haben. Dann überlegst du: „Vorhand fällt den meisten leichter als Rückhand, also fange ich damit an." Dann brauchst du noch einen Plan für jede Trainingseinheit: „Wie strukturiere ich die anderthalb Stunden, in denen ich den Kindern etwas beibringen will?" Und schon bist du mittendrin in der Trainingslehre.

Im Training wollen wir unsere Leistungsfähigkeit verbessern. Wir setzen uns Ziele: Meister mit der Fußballmannschaft, die 100 Meter in 12 Sekunden. Aber auch die Wiederherstellung der Gesundheit nach Krankheit oder Verletzung oder den Erhalt der Gesundheit können Ziele des Trainings sein. Es ist klar, dass wir dazu die Bereitschaft mitbringen müssen, die vorgegebenen Übungen gewissenhaft und korrekt durchzuführen, ebenso wie die Bereitschaft, uns auf den Sport zu konzentrieren und uns anzustrengen. (Siehe Kapitel 3 „Sport ist eine Schule fürs Leben")

Technischer Fortschritt

Die Bewegungsabläufe der Sportarten unterliegen ständigen Optimierungsprozessen. Beim Skispringen beispielsweise kann man in alten Aufnahmen die kuriostesten Varianten beobachten: da werden die Armen in der Luft wie beim Kopfsprung ins Wasser nach vorne gestreckt oder es wird wie wild gerudert. Derzeit wird der V-Stil gepflegt, der den eher durchschnittlichen schwedischen Springer **Jan Boklöv** plötzlich in die Weltelite spülte. Für die seltsame Beinstellung im Flug gaben ihm die Wettkampfrichter durchweg schlechte Stilnoten. Was alle Beobachter für einen technischen Fehler eines einzelnen Athleten hielten, stellte sich als die große Optimierung im Skispringen heraus. Kein Wunder: wissenschaftliche Tests haben ergeben, dass der V-Stil bis zu 28 % mehr Auftrieb als die parallele Skiführung bringen kann. 1988 gewann Boklöv sein erstes Weltcupspringen, 1991/92 den Gesamtweltcup. Zu den Olympischen Spielen 1992 hatten ihn seine Springerkollegen aber so gut kopiert, dass es für eine olympische Medaille nicht reichte. Der Pole **Miroslav Graf** ist übrigens bereits 1969 im V-Stil gesprungen und hat gemerkt, dass er damit auf größere Weiten kam, wurde aber von seinen Kollegen nur ausgelacht. Er konnte sich letztlich nicht damit durchsetzen. Zum Leidwesen des Polen ging deshalb Jan Boklöv als Erfinder des V-Stils in die Geschichte ein.

Andere Neuerungen brachten neue Disziplinen hervor: Beim Langlauf wurde in den achziger Jahren entdeckt, dass man mit der Schlittschuhschritt-Technik (Skating) deutlich schneller laufen kann als in der herkömmlichen Technik. So wurde es erstmals 1988 in Calgary notwendig, Wettbewerbe für die klassische und die Skating-Technik auszutragen.

Oft bedingen technische Entwicklungen am Material neue Bewegungsabläufe: Als Tennisschläger aus Kunststoff jene aus Holz ablösten, setzte sich endgültig die Topspin-Technik durch. Eine Taillierung der alpinen Skiern brachte vor einigen Jahren die sogenannte Carving-Technik hervor; eine Technik, die nicht unumstritten ist, denn die Läufer können jetzt so schnell durch die Kurven fahren, dass die Bänder insbesondere in den Knien dem Druck kaum mehr standhalten können.

Dick Fosbury's bahnbrechender Stil („Fosbury Flop"), mit dem Rücken nach unten die Latte zu überqueren, brachte ihm 1968 die Goldmedaille. Vier Jahre später tat es ihm die erst 16-jährige Ulrike Meyfahrt nach. Inzwischen gibt es keinen ernst zu nehmenden Hochspringer, der nicht diese Technik anwendet. Ermöglicht wurde diese Technik allerdings erst durch das Einführen von sehr weichen Matten, die selbst Kopflandungen ermöglichen.

Selbst die Stabhochspringer stürzten früher aus über vier Metern Höhe auf eine Sandgrube. Das würde bei den heutigen 6m-Sprüngen reihenweise Knochenbrüche und Ähnliches bei den Landungen bedeuten. Diese Höhen wurden übrigens erst möglich durch neue Materialien, die die Stäbe so elastisch machen, dass sie die Athleten praktisch in die Höhe katapultieren.

Und in den Anfangszeiten der Winterspiele glichen die Bobs eher einem herkömmlichen Holzschlitten mit Lenkrad, nicht zu vergleichen mit den heutigen stromlinienförmigen High-Tech-Boliden, die ein Tempo von weit über 100 Stundenkilometer möglich machen.

Die Trainingslehre stellt uns allgemeine Gesetzmäßigkeiten und Prinzipien bereit, die für einen Wunderläufer wie Haile Gebresselasi, Marathon-Weltrekordler, ebenso gelten wie für die Oma mit ihren Walking-Sticks. Einige davon werde ich im Folgenden darstellen.

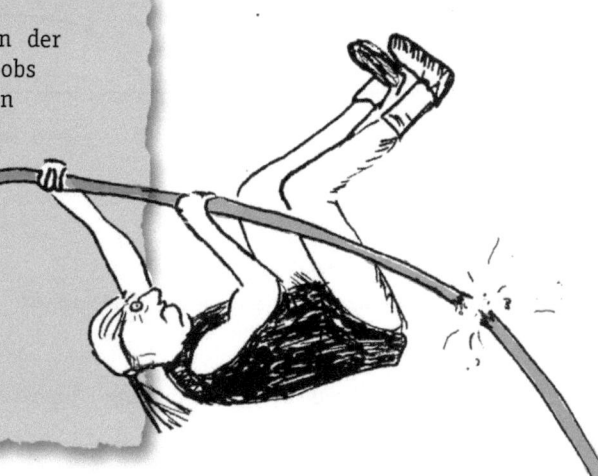

Belastung und Anpassung

**D**ie physischen Leistungsfaktoren können wir durch spezielle Übungen gezielt trainieren. Für den Trainer ist es wichtig zu wissen, welche Übungen welche Fähigkeiten ansprechen. Mit einem lockeren Dauerlauf können wir nicht unsere Sprintfähigkeit verbessern.

Was aber geht beim Trainieren in unserem Körper vor? Unserem Körper werden Reize gesetzt: „lauf schnell", „stemm die Gewichte" oder „mach diese Bewegung" könnten sie lauten. Unser Körper versucht dies umzusetzen. Er merkt gewissermaßen, dass er schneller laufen soll, wenn wir das Training wiederholen, und so versucht er, sich darauf einzustellen. Der Körper verbessert die Prozesse, die zum schnellen Laufen benötigt werden. Er ist in der Lage, sich den höheren Anforderungen anzupassen (Mehrausgleich). Die Leistungsbereitschaft erhöht sich. Wenn wir das Training aussetzen, passiert dasselbe in umgekehrter Richtung. Der Körper merkt, dass seine Kräfte nicht mehr gebraucht werden und bildet diese zurück. Der Verlauf von Belastung und Anpassung lässt sich schematisch so darstellen:

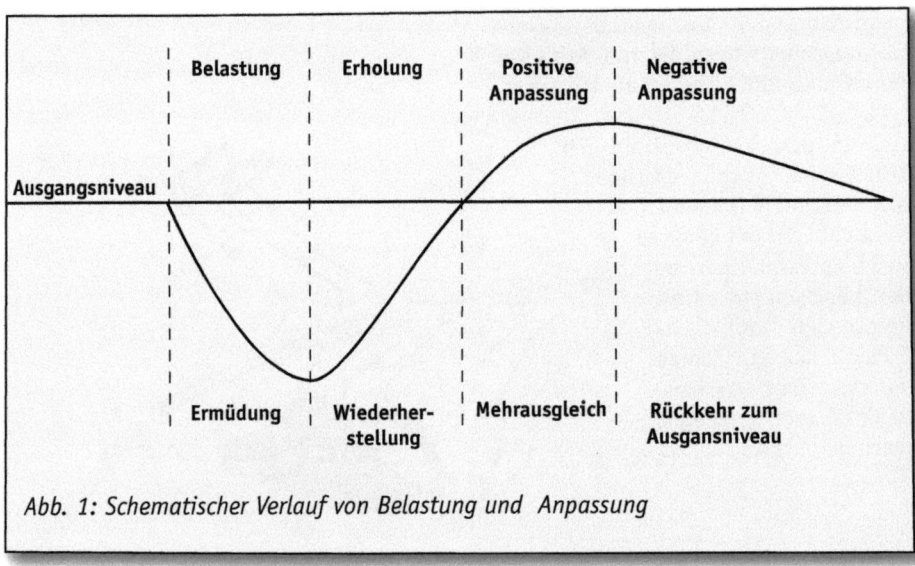

Abb. 1: Schematischer Verlauf von Belastung und Anpassung

Grundsätzlich steigt die Trainierbarkeit übrigens mit dem Eintritt in die Pubertät, bei Mädchen mit etwa 10,5, bei Jungen mit etwa 12 Jahren. Davor ist es wenig sinnvoll, mit Kindern extremes und gezieltes Ausdauertraining zu absolvieren. Vielmehr sollte in dem Alter die Ausbildung der Beweglichkeit und der technischen Voraussetzungen im Vordergrund stehen. Gegenüber einigen Spielern meiner Tennismannschaft beispielsweise habe ich einen großen Vorteil, weil ich mir die Bewegungen wie Vor- und Rückhand bereits als Kind angeeignet habe. Auf der anderen Seite kann ich so viel schwimmen, wie ich will: einem „gelernten" Schwimmer kann ich nicht das Wasser reichen. Kinder eignen sich Bewegungen viel leichter an als Erwachsene. Sie verinnerlichen diese Bewegungen, die dann wie von alleine ablaufen. Wir Erwachsenen sind dagegen sehr damit beschäftigt nachzudenken, die Bewegung zu kontrollieren und bewusst zu steuern: „So, jetzt den Arm nach hinten zum Ausholen, dann in die Knie gehen, Ball angucken und..." - in der Zwischenzeit hast du schon die Vorhand übers Netz geschmettert, ohne zu wissen wie, denn du hast im Training die Bewegung verinnerlicht. Wer erst als Zwanzigjähriger mit einer Sportart beginnt, wird es kaum zur Meisterschaft bringen. Er wird mit denen, die die Bewegungen bereits als Kinder erlernt und automatisiert haben, nicht mithalten können.

Mit zunehmendem Alter nimmt die Trainierbarkeit wieder ab. Mit Mitte Dreißig trainiert der Leistungssportler hauptsächlich gegen seinen natürlichen Leistungsabfall an. Für die Freizeitsportler gilt dennoch, dass man bis ins hohe Alter Sport treiben kann und auch sollte. Vor allem die Ausdauer kann auch in fortgeschrittenem Alter noch trainiert werden, während dies für die Kraft und die Schnelligkeit nur noch bedingt zutrifft. Für Ausdauersportarten wie Marathonlauf oder Radfahren trifft sogar zu, dass viele ihre Höchstleistungen erst erbringen, wenn sie bereits über 30 Jahre alt sind. So wechseln viele Läufer wie die Weltrekordler Paul Tergat, Haile Gebresselasi oder Paula Radcliff, die auf der Bahn die 5.000 und die 10.000 Meter gelaufen sind, zur Marathondistanz (42,195 km), wenn sie ihre Leistungsfähigkeit auf diesen kürzeren Distanzen ausgeschöpft haben. Sie besitzen die Grundschnelligkeit und Tempohärte und müssen diese dann „nur" noch über einen längeren Zeitraum durchhalten, um auf Rekordjagd zu gehen.

Die Trainingshäufigkeit

Training ist ein Spiel aus Reizsetzung/Belastung des Körpers und dessen Erholung. In der Erholungsphase passt sich der Körper an die im Training signalisierten höheren Anforderungen an. Optimal ist es, am höchsten Punkt der positiven Anpassung den nächsten Trainingsreiz zu setzen:

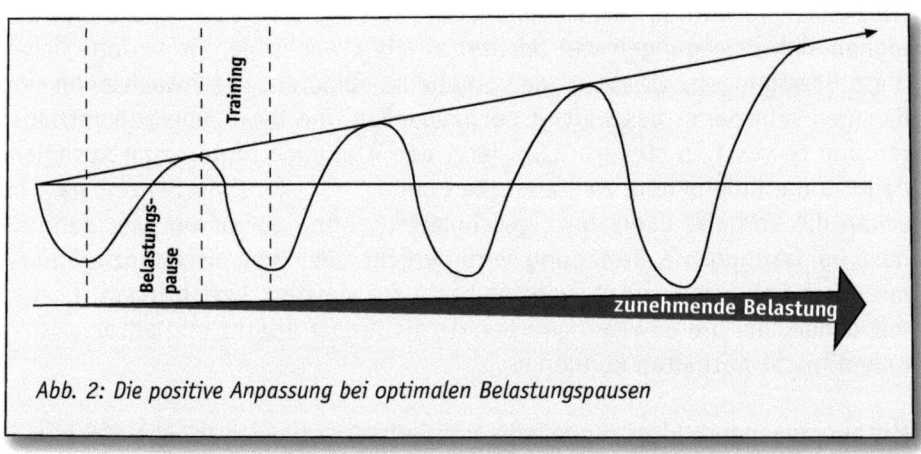

Abb. 2: Die positive Anpassung bei optimalen Belastungspausen

Du merkst selbst, dass du nach dem Training müde bist. Du fühlst dich ausgepowert und matt. - Das ist bei dir nicht der Fall? Dann solltest du dich vielleicht etwas mehr anstrengen, wenn du in deinem Sport besser werden willst. - Du merkst, dass du eine Phase der Erholung brauchst. Würdest du in dieser Erholungsphase wieder trainieren, könntest du nicht die Leistung abrufen wie beim ersten Mal, und anschließend würdest du noch müder sein. Dies kann man bis zur völligen Erschöpfung treiben: man trainiert und trainiert und wird doch immer müder und müder, weil man dem Körper nicht die Zeit gibt, sich zu erholen. Er hat keine Möglichkeit, sich wirklich auf die erhöhten Belastungen einzustellen. Deine Leistungskurve würde dann so aussehen:

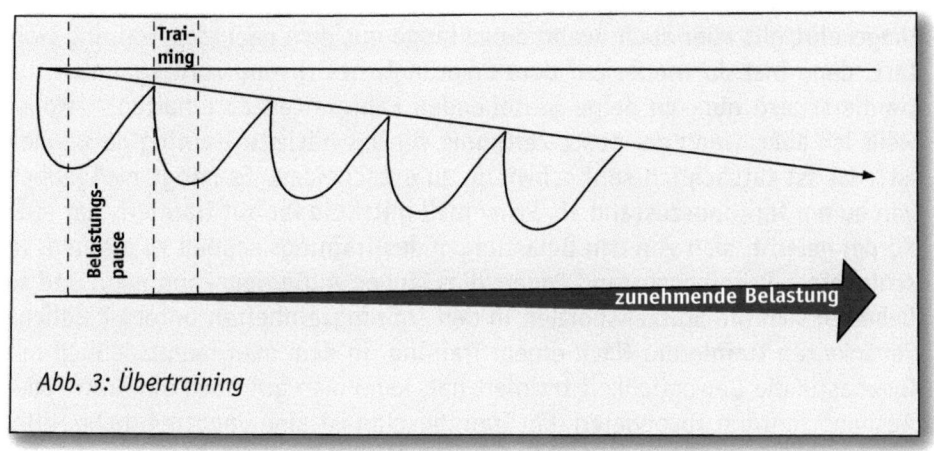

Abb. 3: Übertraining

Dies ist vor allem für Berufssportler ein Problem: die haben praktisch den ganzen Tag Zeit zum Trainieren. Das würden sie bestimmt auch gerne tun, um der Beste zu sein. Aber auch Spitzensportler brauchen Erholungspausen. Die besten Sportler zeichnen sich übrigens auch dadurch aus, dass sie sich schnell erholen und somit öfters und intensiver trainieren können als ihre Konkurrenten.

Was für die Erholung gilt, gilt auch für die Höhe der Belastung. Es ist nicht ratsam, bis zur völligen Erschöpfung zu trainieren. Du bist anschließend völlig fertig, die Glieder tun dir weh. Jetzt hast du deinem Körper zwar einen enormen Reiz gesetzt, aber er wird eine sehr lange Zeit brauchen, um sich davon zu erholen; eine Zeit, in der du nicht effektiv trainieren kannst. Prinzipiell gilt: lieber öfters trainieren, dafür nicht so hart. Du erzielst einen größeren Trainingseffekt, wenn du dreimal in der Woche fünf Kilometer läufst als einmal in der Woche 15 Kilometer.

Umgekehrt gilt aber auch: wenn du zu lange mit dem nächsten Training wartest, dann bist du wieder auf dein ursprüngliches Niveau zurückgefallen. Du trainierst also nur, um deine bestehenden Fähigkeiten zu erhalten. - Woher weiß ich aber, wann der beste Zeitpunkt für das nächste Training gekommen ist? Das ist tatsächlich sehr schwierig zu entscheiden. Es hängt maßgeblich von eurem Trainingszustand ab. Prinzipiell gilt: seid ihr gut trainiert, hat euer Körper gelernt, sich von den Belastungen des Trainings schnell zu erholen. In schlechtem Trainingszustand dauert dies länger. Außerdem kann man, und so behelfen sich die Spitzensportler, in den Trainingseinheiten unterschiedliche Fertigkeiten trainieren. Nach einem Training, in dem man hauptsächlich mit Gymnastik die Beweglichkeit trainiert hat, kann man gut noch ein Kraft- oder Ausdauertraining absolvieren. Ein Trainingsplan ist eine unentbehrliche Hilfe, um das Training richtig zu dosieren (mehr dazu siehe Seite 56).

Ganz allgemein gilt: Ihr müsst in euren Körper hinein horchen und ehrlich zu euch selbst sein: wie schwer sind meine Beine? Hatte ich beim letzten Training Muskelkater? (Dann war das Training zu hart! Muskelkater sollte beim Sport nicht vorkommen und kommt bei vernünftiger Trainingsplanung auch nicht vor.) Letztendlich kannst du nur selbst wissen, ob dir zu viel oder zu wenig zugemutet wird. Bei den Spielern der Fußballmannschaft, die ich trainiere, denke ich oft: die wissen gar sind, was sie zu leisten imstande sind, würden sie mal richtig 100 Prozent geben. Die Gefahr des Übertrainings ist bei euch Kindern nicht allzu groß. Ihr habt Power ohne Ende. - Es sei denn, ihr habt solch übermotivierte Trainer, die meinen, sie müssten die Trainingshärte aus dem Erwachsenenbereich auf die Kinder übertragen. Da werden die Kinder im Trainingslager morgens um sieben noch vor dem Frühstück zum Waldlauf gebeten. Als seien die restlichen acht bis zehn Stunden des Tages zum Training nicht genug. Ich halte das für Quatsch, das kannst du deinem Trainer ruhig sagen.

Staatsamateure

Die westlichen Sportler sahen insbesondere in den Siebziger Jahren neidvoll auf die Verhältnisse in den damaligen Ostblock-Staaten, insbesondere in der DDR und der Sowjetunion. In diesen Ländern wurden die Leistungssportler von Kindheit an vom Staat gefördert. Auch der Unterhalt wurde vom Staat bezahlt, so dass sie sich voll auf ihren Sport konzentrieren konnten. Für westliche Sportler ergab sich die Möglichkeit, wenn sie bei der Polizei oder beim Militär angestellt waren. Diese Institutionen waren bereit, die Sportler weitgehend von ihren Aufgaben freizustellen, damit sie sich voll auf den Sport konzentrieren konnten.

Wer direkt mit seinem Sport sein Geld verdiente wie Eishockeyspieler, Fußballer oder Tennisspieler, war bis in die achziger Jahre hinein von den Olympischen Spielen ausgeschlossen (Auf einem olympischen Kongress wurde 1981 der „olympische Amateur" aus der Olympischen Charta gestrichen). Diese Beschränkung fiel endgültig erst bei den Spielen 1988 in Seoul, als Profi-Tennisspieler zugelassen wurden. Im Jahr 1992 trat das **„Dream Team"** der weltbesten U.S.-amerikanischen Basketballer um Multimillionäre wie **Michael Air Jordan** und **Earvin „Magic" Johnson** an und gewann mit haushoher Überlegenheit Gold.

Leistungszuwachs

Falls du bisher kaum Sport getrieben hast, habe ich eine gute Nachricht für dich: Wenn du mit dem Training beginnst, wirst du schnell Erfolge erzielen können, denn der Körper eines Untrainierten befindet sich auf einem relativ niedrigen Leistungsniveau. Seine Leistung steigert sich viel deutlicher als bei denen, die bereits seit langem trainieren. Die sind nämlich bereits auf einem höheren Niveau. Sie müssen bereits eine mächtige Anstrengung unternehmen, um überhaupt ihren derzeitigen Stand zu halten. Je besser der Sportler trainiert ist, umso geringer werden die Leistungszuwächse, und umso mehr muss er dafür tun, sein Niveau überhaupt zu halten. Irgendwann steigert er womöglich sein Pensum so sehr, dass er zu viel trainiert und dadurch von seiner Leistungsfähigkeit einbüßt. Dies lässt sich schematisch so darstellen:

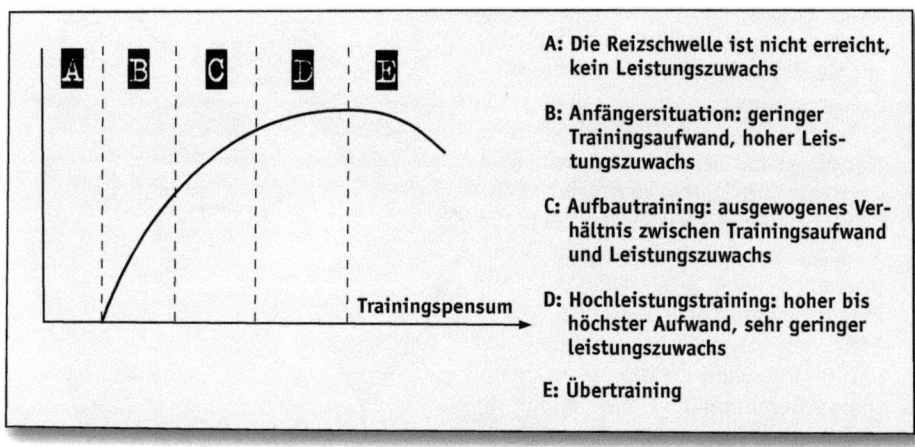

A: Die Reizschwelle ist nicht erreicht, kein Leistungszuwachs

B: Anfängersituation: geringer Trainingsaufwand, hoher Leistungszuwachs

C: Aufbautraining: ausgewogenes Verhältnis zwischen Trainingsaufwand und Leistungszuwachs

D: Hochleistungstraining: hoher bis höchster Aufwand, sehr geringer leistungszuwachs

E: Übertraining

Es bringt allerdings nichts, untrainiert auf einmal Bäume ausreißen zu wollen. Das Leistungsniveau muss Schritt für Schritt aufgebaut werden. Der Körper sollte sich innerhalb von zwei Tagen oder besser täglich regenerieren können und bereit für die nächste Belastung sein. Langsam zu beginnen und dann kontinuierlich die Belastungen zu steigern ist also wichtig. Dann entgeht ihr einer zu starken Ermüdung, die sich beispielsweise in Muskelkater ausdrückt. Muskelkater ist nicht nur schmerzhaft, er verzögert auch die Erholung und ist somit kontraproduktiv, das heißt: man erreicht das Gegenteil dessen, was man beabsichtigt. Außerdem schreckt eine zu hohe Belastung gerade die Anfänger ab. Steigert man das Pensum langsam, muss man sich zum Training nicht überwinden, sondern macht es gerne und freut sich darauf.

Die Anpassungsfestigkeit

Prinzipiell gilt: Ein schnell erarbeitetes Leistungsniveau bildet sich auch schnell zurück, sobald das Training ausgesetzt wird. Habe ich mir meine Fähigkeiten allerdings über Monate und Jahre angeeignet, dann wird mich eine Pause von zwei bis drei Wochen in meiner Leistungsfähigkeit kaum zurückwerfen. Der Ausdauerbereich ist typisch für diesen sehr langfristig angelegten Trainingsaufbau. Ein Radsportler holt sich seine Ausdauer nicht in einem Monat Trainingslager.

Ebenso hängt die Art des Trainingsaufbaus von den Wettkämpfen ab. Ein Fußballspieler ist von zwei Pausen im Sommer sowie im Winter abgesehen das ganze Jahr hindurch gefordert, Höchstleistung zu erbringen. Er braucht ein breit angelegtes Fundament seiner körperlichen Voraussetzungen, um dies durchzustehen. Ein Boxprofi hingegen bestreitet nur zwei Kämpfe im Jahr. Ihm genügt es, ein bis zwei Monate vor dem Kampf ins Trainingslager zu gehen. Dann trainiert er mit extremer Intensität, so dass der Boxer am Tag des Wettkampf die absolute Topform erreicht. Diese Anstrengung ist so groß, dass er sich anschließend wieder eine mehrwöchige Trainingspause gönnt. Das kann sich der Fußballer nicht erlauben. Er steigert seine Leistungsfähigkeit allerdings auch nicht in dem Maße auf 100 %, wie dies der Boxer tun muss, um zu bestehen. Denn diese 100 % könnte er nur kurze Zeit halten, um dann mit seiner Leistungsfähigkeit deutlich abzufallen.

Die Planung des Trainingsprozesses

Wenn du einen gewissenhaften Trainer hast, dann entwickelt er für dich einen Trainingsplan. Was muss er darin berücksichtigen? Ich mach mal eine Liste mit Punkten, die mir wichtig erscheinen:

- Wie ist der derzeitige Leistungsstand des Sportlers?
- Was sind die Ziele seines Trainings?
- Welche Ziele verfolgt der Sportler?
- In welchem Zeitraum können die Ziele erreicht werden?
- Wann finden Wettkämpfe statt?
- Welches sind wichtige, welches eher Aufbau-Wettkämpfe?
- Wie oft trainiert er in der Woche?
- Welche Entwicklungsmöglichkeiten sehe ich bei dem Sportler?

Prinzipiell müsste der Trainer für jeden Einzelnen einen eigenen Trainingsplan entwerfen. Denn alle haben einen unterschiedlichen Leistungsstand, unterschiedliche Ziele und so weiter. Im Leistungssport wird dies auch gemacht. Da dein Trainer dies höchstwahrscheinlich nicht tut, kannst du für dich selbst einen Trainingsplan erstellen. Du musst ihn ja nicht aufschreiben, auch wenn dies hilft, ihn umzusetzen. Aber du kannst dir unabhängig von den Vorgaben des Trainers vornehmen, dich in bestimmten Bereichen zu verbessern. Das kannst du innerhalb des normalen Trainings versuchen, aber auch außerhalb, durch extra Schichten. Es gibt auch Spitzensportler, die ganz ohne Trainer auskommen. Sie glauben, genug Erfahrung zu haben, um zu wissen, was sie trainieren müssen.

Grundlagen-, Aufbau- und Hochleistungstraining

Prinzipiell verläuft das Training in Zyklen. Das heißt: in wiederkehrenden Abständen werden dieselben Fertigkeiten geschult. Beim Trampolinturnen beginnt man mit den Grundlagen wie Stand-, Sitz, Rücken- und Bauchlandung. Dabei werden die Bewegungsabläufe geübt, die später bei den Saltos auch gebraucht werden. Fußball beginnt mit dem Ballstoppen und -zuspielen, ganz einfach. Wenn du mal Gelegenheit hast, den Profis beim Training zuzusehen, wirst du dir verwundert die Augen reiben: die trainieren auch noch Ballstoppen und -zuspielen! Ebenso ist es mit den physischen Leistungsfaktoren: zu bestimmten Zeiten wird mehr Ausdauer trainiert, dann wieder eher Schnellkraft. Man nennt das Trainingsschwerpunkte.

Trainingsplan für Stefan

Aufbautraining:	Woche 1	Woche 2	Woche 3
	Ausdauertraining Schwerpunkt Kraul	Ausdauertraining Schwerpunkt Rücken	Ausdauertraining Schwerpunkt Kraul und Rücken
	3 x 200 m Lagen	3 x 200 m Lagen	2 x 200 m Lagen
	1.000 m Pyramidentraining Kraul	5x200 m Rücken	10 x 100 m Kraul und Rücken abwechselnd
	200 m Ausschwimmen	2x200 m Kraul	400 m: 100 m Kraul, 50 m Rücken
		200 m Ausschwimmen	400 m Pyramidentraining
			200 m Ausschwimmen

Nehmen wir das Beispiel des Fußballers: vor der Saison wird die Basis der körperlichen Fitness für die gesamte Saison im Aufbautraining gelegt. Ausdauer- und Steigerungsläufe stehen auf dem Programm. Anschließend kommt die Schnelligkeit hinzu mit Sprint- und Schnellkrafttraining. In den letzten zwei bis drei Wochen wird der Schwerpunkt auf die technischen Fertigkeiten gelegt. In ersten Testspielen wird das Zusammenspiel geprüft und im Training entsprechende Übungen gemacht. Während der Saison werden dann diese spielerischen Elemente im Vordergrund stehen bis hin zu den Feinheiten wie Ecken und Freistöße. Vor der neuen Saison, nachdem die Spieler einige Wochen Urlaub genossen haben, geht es dann wieder mit dem Aufbautraining los.

So ähnlich sollte die Ausbildung der Sportler in allen Sportarten aussehen: die Kinder beginnen mit dem Grundlagentraining. Bewegungsabläufe werden einstudiert, die allgemeine Beweglichkeit wird unspezifisch geschult. Unspezifisch heißt: ein Fußballspieler spielt nicht nur Fußball, sondern übt sein Geschick auch durch andere Ballsportarten, aber auch durch Turnen und allgemeine Gymnastik. Der Umgang mit dem Ball steht im Vordergrund. Außerdem will das Spiel in einer Gruppe gelernt sein. Turner wiederum lernen, ihre Beine und Arme zu strecken, ihren Körper und ihre Bewegungen zu kontrollieren. Purzelbäume, auf einem Bein hüpfen und ähnliche einfache Übungen gehören dazu. Dies ist das Grundlagentraining.

Nach der Pubertät werden die physischen Leistungsfaktoren gezielt trainiert. Ausdauer- und Sprinttraining werden verschärft. Bei den technischen Übungen wird mehr Wert auf Tempo und Präzision bei der Ausführung gelegt. Das allgemeine Training tritt etwas hinter das spezielle Training, das sich mit konkreten fußballerischen Abläufen befasst, zurück. Trainingspensum und -intensität nehmen zu, auch die Wettkämpfe werden zu einem wesentlichen Bestandteil des Sports.

In der letzten Phase, dem Hochleistungstraining, steht als Leitmaxime die Entwicklung der persönlichen Bestleistung im Vordergrund. Es wird rein für die eine Sportart trainiert. Die Umfänge werden nochmals gesteigert, und das Training wird nach den wichtigen Wettkämpfen ausgerichtet.

Erkennst du in deinem Training solche Zyklen? Oder ist jedes Training mehr oder weniger gleich? Ich habe mit meiner Jugendmannschaft immer das Problem, dass direkt nach den Sommerferien bereits das erste Pflichtspiel folgt. Wir müssen also mit dem technischen und fußballerischen Training beginnen, bevor noch die körperlichen Grundlagen gelegt sind. Würden wir, wie es nötig wäre, drei Wochen Aufbautraining betreiben, könnten die Jungs zwar ordentlich rennen, sie würden ihre Spiele dennoch verlieren, weil sie keine Ballsicherheit haben. Trainieren wir von Anfang an die Technik, dann können sie zwar besser mit dem Ball umgehen, sie verlieren ihre Spiele aber, weil sie nicht genug laufen! - Da die anderen Mannschaften dieselben Probleme haben, gewinnen wir aber doch gelegentlich.

Die Umweltsünden von 2002

In den 90-er Jahren wurde der Umweltschutz neben Sport und Kultur zur dritten Säule der Olympischen Spiele erklärt. Das IOC wacht darüber, „dass die Olympischen Spiele unter Bedingungen abgehalten werden, die in verantwortungsvoller Weise den Problemen der Umwelt Rechnung tragen", heißt es in der Olympischen Charta. Die Winterspiele in Lillehammer 1994 waren in dieser Hinsicht vorbildlich. Im Vorfeld der Winterspiele in Salt Lake City 2002 wurden ökologische Gesichtspunkte allerdings weitgehend außer Acht gelassen. Die unberührte Wildnis der umliegenden Berge wurde zerstört, um Platz für die Sportstätten zu schaffen. Die dort lebenden wilden Tiere mussten riesigen Wohnblöcken, Restaurants und Skipisten weichen. Auch das ursprüngliche Versprechen, alle Zuschauer könnten mit öffentlichen Verkehrsmittel die Wettkampfstätten besuchen, wurde nicht eingehalten. Stattdessen wurden 35 Mio. Dollar für Parkplätze an den Sportstätten ausgegeben. So kam es während der Spiele zu ständigen Staus und Behinderungen und einer enormen Verpestung der Luft.

Gegen den olympischen Geist

1998 wurde öffentlich bekannt, dass mehrere IOC-Mitglieder vom Organisationskomitee der Olympischen Winterspiele 2002 in Salt Lake City bestochen worden waren, damit sie für Salt Lake City als Austragungsort der Olympischen Winterspiele stimmten. Von Geld, Geschenken, Lustreisen usw. war die Rede. In diesem Zusammenhang wurden sechs IOC-Mitglieder auf Lebenszeit ausgeschlossen, vier mussten auf öffentlichen Druck zurücktreten. Die Spiele fanden dennoch in Salt Lake City statt. Das IOC nahm den Skandal allerdings zum Anlass, seine Vergaberegeln zu ändern.

Trainingsmethoden und -mittel

Grundregeln

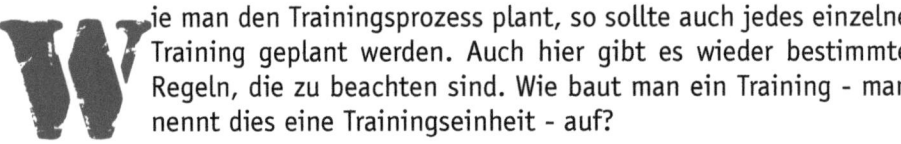ie man den Trainingsprozess plant, so sollte auch jedes einzelne Training geplant werden. Auch hier gibt es wieder bestimmte Regeln, die zu beachten sind. Wie baut man ein Training - man nennt dies eine Trainingseinheit - auf?

Dass man nicht sofort Höchstleistung bringen soll, das wisst ihr bestimmt schon. Das Training sollte mit Aufwärmen beginnen. Das Herz-Kreislauf-System sollte in Schwung gebracht werden. Durch vorsichtiges Dehnen sollten die Muskeln in Bereitschaft gebracht werden. Außerdem sollte auch der Kopf in Bereitschaft gebracht werden: so langsam den Ärger mit Mitschülern oder Lehrern ebenso verdrängen wie den neuen Highscore an der Playstation. Jetzt ist Training angesagt. Wenn ihr euren Körper so in Leistungsbereitschaft gebracht habt, kann das eigentliche Training beginnen. Dabei gelten bestimmte Prinzipien:

Schnellkrafttraining kommt vor Ausdauertraining
Wenn die Muskeln vom Schnellkrafttraining bereits müde sind, kann man immer noch beispielsweise einen Dauerlauf machen. Sie werden dabei nicht so sehr beansprucht. Wenn man aber bereits vom Ausdauertraining müde Beine hat, wird man nicht mehr die volle Kraft beim Sprinttraining entfalten können.

Techniktraining kommt vor Ausdauer- oder Krafttraining
Das Techniktraining stellt hohe Ansprüche an die koordinativen Fähigkeiten. Man braucht eine gute Kontrolle und Körperbeherrschung. Die wird aber schwächer, wenn man bereits müde ist. Dagegen ist das Techniktraining üblicherweise nicht allzu anstrengend, so dass danach noch Ausdauer- oder Krafttraining absolviert werden kann.

Im Training Schwerpunkte legen
Es ist nicht besonders effektiv, im Training von allem ein bisschen zu trainieren. Ein bisschen sprinten und ein bisschen Ausdauerlauf bringt nicht viel.

Besser ist es, einige Trainingseinheiten mit Schnelligkeitstraining zu füllen, dann welche mit Ausdauertraining. Ich nehme mir immer Blöcke von zwei bis drei Wochen vor, in denen ich spezielle Fähigkeiten fördern will, beispielsweise Torschuss oder Dribbling. Dann werden zu diesen Bereichen viele Übungen gemacht.

Die Trainingsintensität allmählich steigern

Viele Trainer stellen nach einem verlorenen Spiel fest: „Die Jungs haben keine Kondition", und lassen die Mannschaft im nächsten Training rennen bis zum Umfallen. Danach tritt wieder der eher lasche Alltag ein. Das bringt nichts. Die Sportler sind nach diesem einen Training völlig ausgepumpt, aber ein echter Trainingseffekt wird sich nicht einstellen. Dieser wird erst durch die Kontinuität erreicht. Zudem sind die Spieler sauer auf den Trainer und verlieren die Lust. Wenn man als Trainer den Spieler in jedem Training ein bisschen mehr abverlangt, dann wächst die Leistungskurve kontinuierlich, ohne dass die Spieler dies als besonders belastend erleben.

Das Training abwechslungsreich gestalten

Natürlich macht auch beim Sport Übung den Meister. Deshalb werden bestimmte Übungen oft wiederholt. Aber es gibt zum Beispiel sehr viele Übungen, mit denen man das Ballstoppen üben kann. Diese Vielfalt hilft den Trainern, die Motivation ihrer Spieler hoch zu halten.

Erholungspausen sind wichtig

Wir haben bereits besprochen, dass der Trainingseffekt in einem Wechsel aus Belastung und Erholungsphase besteht. Dies trifft auch für die einzelne Trainingseinheit zu. Sportler brauchen Zeit, sich von der Anstrengung zu erholen. Das gezielte Verbessern der physischen Leistungsfaktoren besteht grundsätzlich in dem richtigen Mix zwischen Belastung und Erholung.

Peking 2008: die „Smog-Spiele"?

In Peking scheint sich in Sachen Umweltschutz durch die Spiele tatsächlich etwas zu bewegen. Den Veranstaltern und Sportlern macht der ständige Smog über Peking große Sorgen. Die deutschen Leichtathletik-Verantwortlichen hatten in Erwägung gezogen, ihre Athleten mit Gesichtsmasken auszustatten, um sie vor dem gesundheitsgefährdenden Staub zu schützen. Haile Gebreselassie, Marathon-Weltrekordhalter, sagte, er würde seinen Start noch auf der Startlinie zurückziehen, wenn die Bedingungen nicht sicher genug seien.

China hat inzwischen auf das Problem reagiert. - Nicht auszudenken, wenn die Bilder gesichtsmaskierter Athleten um die Welt gingen, welch ein schlechtes Licht würde dies auf das Land werfen! So ist beabsichtigt, Kohlekraftwerke und Chemiefabriken in und um Peking 30 Tage vor den Spielen zu schließen, um die Umweltverschmutzung zu reduzieren. Mehr als 15.000 alte Busse und Taxis wurden bereits aus dem Verkehr gezogen. Nach Angaben der chinesischen Regierung wurden zudem im letzten Jahr 25 Milliarden Yuan (umgerechnet etwa 3,5 Milliarden Dollar) in Umweltprojekte investiert. Offensichtlich hat die chinesische Regierung erkannt, dass sie sich dem Umweltproblem stellen muss.

Das Trainieren der physischen Leistungsfaktoren

Schnelligkeit und Maximalkraft

Die Schnelligkeit wird unter hoher Intensität trainiert. Ich sage den Spielern: „Wir machen Sprints, die ersten zehn Schritte volle Pulle". Volle Pulle heißt natürlich: 100 % des Leistungsvermögens. Dann locker zurück traben. Denn es ist wichtig, dass sich die Muskeln vor dem nächsten Sprint vollständig erholt haben. Nur dann kann der nächste Sprint wieder mit 100 % angegangen werden kann. Den Reiz verstärken kann man dadurch, dass man die Sprints an einem Anstieg durchführt.

Von diesen Sprints kann man fünf hintereinander machen, dann eine längere

Pause, dann wieder fünf. Mehr als fünf mal fünf Wiederholungen würde ich nicht machen, das reicht. Man nennt dies intensive Intervallarbeit. Mit dieser Methode wird auch die Maximalkraft trainiert. Die Bodybuilder stemmen sehr schwere Gewichte, allerdings nicht 100 % ihres Vermögens. Zum einen ermüdet der Sportler dadurch zu schnell. Zum anderen ist die Belastung für die Gelenke dadurch zu hoch.

Schnelligkeitsausdauer und Kraftausdauer

Hier geht es darum, den Kraftaufwand möglichst lange durchzuhalten. Man nimmt deshalb die Intensität zurück, arbeitet nur noch mit etwa 60 bis 80 % seiner Leistungsfähigkeit, muss dafür aber länger belasten. Beim Lauftraining bieten sich Steigerungsläufe an, bei denen man langsam beginnt und das Tempo rasch steigert. Davon werden auch wieder einige Wiederholungen durchgeführt. Es kommt auch das sogenannte Pyramidentraining in Frage: man beginnt mit häufigen Wiederholungen etwas geringerer Intensität, zum Beispiel beim Schwimmen.

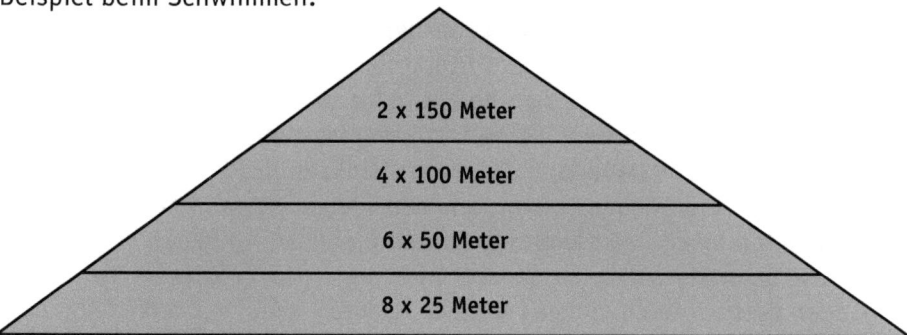

2 x 150 Meter

4 x 100 Meter

6 x 50 Meter

8 x 25 Meter

Abb.5: Pyramidentraining beim Schwimmen

Die Intensität wird Schritt für Schritt gesteigert und die Wiederholungen gesenkt. Da sich die Muskeln nicht voll erholen müssen, genügt eine sogenannte „lohnende Pause": etwa ein bis zwei Drittel der zur vollen Erholung erforderlichen Zeit. Dies beansprucht zusätzlich unser Herz-Kreislauf-System.

Die Ausdauer

Ich denke, ihr werdet euch denken können, wie man die Ausdauer trainiert: nicht durch Sprints, das ist schon mal klar. Man versucht, bei den Belastungen im aeroben Bereich zu bleiben. Eine schwache Intensität also, dafür über einen längeren Zeitraum. Nun bringt es mir bei den wenigsten Sportarten etwas, wenn ich zwei bis drei Stunden vor mich hin traben kann. Es kommt eher darauf an, über einen bestimmten Zeitraum eine möglichst hohe Belastung durchzuhalten. Ein Fußballspiel dauert 2 x 45 Minuten, 1.500 Meter Schwimmen, die längste Distanz, die im Becken als Wettkampf geschwommen wird, bei sehr gut trainierten Sportlern vielleicht 20 Minuten. Selbst beim Marathonlauf kommt es, wenn man ihn leistungsbezogen betreibt, darauf an, die 42 km möglichst schnell zu bewältigen. Es darf dabei aber keine Sauerstoffschuld eingegangen werden, denn dann arbeiten die Muskeln unter der unökonomischen anaeroben Glukoseverwertung. Einen Marathonlauf würde man so nie und nimmer durchstehen. Insbesondere bei Ballsportarten gerät man wegen der Sprints zwangsläufig in die anaerobe Phase. Hier muss das Training darauf ausgerichtet werden, dass der Körper diese Sauerstoffschuld schnell verarbeiten kann.

Aus diesen Gründen macht es Sinn, an der Schwelle zu trainieren, wo die aerobe in die anaerobe Glukoseverwertung übergeht. Wo liegt diese Schwelle? Das muss jeder selbst für sich herausfinden. Man kann dies ganz gut an der Herzfrequenz festmachen. Meine Erfahrung ist allerdings, dass ich selbst merke, wann ich beim Dauerlauf überdrehe: ich kann nicht mehr lange genug ausatmen, die Atemfrequenz steigt, ich merke, dass ich das Tempo nicht lange durchhalten kann. Jetzt kann ich Phasen einbauen, in denen ich bewusst über diese Schwelle gehe, um danach mich aktiv (durch lockeres Weiterlaufen) oder passiv (durch Gehen) erhole. Dadurch kann ich erreichen, dass sich die Schwelle zum anaeroben Bereich nach oben verschiebt. Ich halte also stärkere Belastungen längere Zeit durch. Gerade das Verarbeiten einer kurzfristigen Sauerstoffschuld ist auch bei Langstreckenläufern sehr wichtig. Es ist eine bekannte Strategie der Läufer, durch Tempoverschärfungen die Konkurrenten abzuhängen. Ist einmal eine Lücke zu den Verfolgern gerissen, dann wird wieder ein Gang zurückgeschaltet.

Beim Ausdauertraining ist also die Reizintensität gering bis mittel, der Reizumfang jedoch hoch bis sehr hoch.

Der Mix machts

Wer seinen Sport ernsthaft betreibt, ist vor einseitigem Training nie ganz gefeit. Viele langjährige Fußballspieler leiden unter Knieproblemen, Tennisspieler haben Probleme mit der Schulter, Schwimmer nicht selten mit dem Rücken. Dies hängt mit den einseitigen Beanspruchungen dieser Sportarten ab. Ganz auszuschließen sind solche Folgeerscheinungen leider nicht. Aber wir können vorbeugen. Prinzipiell gilt, dass eine kräftige Muskulatur die Gelenke unterstützt und somit entlastet. Eine möglichst umfassende körperliche Grundfitness ist also unerlässlich für Leistungssportler. Zudem kann man sich vor zu einseitigen Belastungen etwas schützen, indem man auch sportartuntypische Übungen ins Training aufnimmt. Eisschnellläufer fahren im Sommer oft Rad. Schwimmer und Tennisspieler machen Krafttraining. Fußballer trainieren auch ihren Oberkörper, um nicht nur einseitig die Beine kräftig zu halten.

Interessant sind Sportarten wie Boxen, weil einem Boxer alle körperlichen Fähigkeiten abverlangt werden: Er braucht schnellkräftige Arme für die Hiebe, eine sehr ausgeprägte Muskulatur seines Oberkörpers, aber er ist genauso angewiesen auf flinke Beine. Über diese schnellkräftigen Fähigkeiten hinaus braucht er aber auch eine gute Ausdauer, um die Runden zu überstehen. Zudem muss er über sehr gute koordinative Fähigkeiten verfügen, da die Bewegungsabläufe beim Boxen wesentlich komplexer sind als man denkt. Und nicht zuletzt braucht er einen klaren Kopf, um sich nicht provozieren zu lassen und seine Strategie auch in einem hitzigen Kampf kühl durchzusetzen. - Womit ich auch beim letzten Aspekt des eigenen Sporttreibens bin.

Peking und die Menschenrechte

Jede Form der Diskriminierung aufgrund von Religion, Geschlecht oder aus politischen Gründen ist mit der Zugehörigkeit zur olympischen Bewegung unvereinbar. So ist es in der olympischen Charta niedergeschrieben. Kritiker sagen, dass deshalb die Spiele nie nach Peking hätten vergeben werden dürfen. Denn China missbrauche die Spiele, um der Welt eine Friedfertigkeit und Toleranz vorzugaukeln, die gar nicht existiert. In China werden Menschen ohne Gerichtsprozess verhaftet und gefoltert, nur weil sie sich beispielsweise für die Umwelt engagieren oder einfach nur eine eigene Meinung äußern. Minderheiten wie die Tibeter werden zum Teil brutal diskriminiert, der Staat übt rigoros Gewalt gegen seine Bürger aus.

Für China scheint diese „olympische" Rechnung allerdings nicht aufzugehen. Im März rebellierten die Tibeter einmal mehr gegen die chinesische Obrigkeit. Dutzende Menschen kamen bei dem Aufstand ums Leben, Hunderte wanderten ins Gefängnis. Die Weltöffentlichkeit schlug Alarm. Der Druck auf die chinesische Regierung wuchs, nach einer friedlichen Lösung des Tibet-Problems zu suchen. Das Europäische Parlament empfahl am 10. April seinen Mitgliedsstaaten, aus Protest der Eröffnungsfeier der olympischen Spiele fernzubleiben, sollte China bis dahin nicht das Gespräch mit dem im Exil lebenden religiösen Oberhaupt der Tibeter, dem Dalai Lama, gesucht haben. Der Fackellauf, der das olympische Feuer vom griechischen Olympia nach Peking bringt, wurde in mehreren Städten massiv behindert, es kam zu Demonstrationen für die Freiheit Tibets.

All dies wäre bestimmt nicht passiert, wenn die olympischen Spiele vom IOC nicht nach Peking vergeben worden wären. - War es dann eine richtige Entscheidung des IOC? Es war auf jeden Fall neben einer kommerziellen (ein Markt von 1,2 Milliarden Chinesen!) auch eine politische Entscheidung!

Das IOC pflegt wie folgt zu argumentieren: Der durch die Spiele verschärfte Blick der Weltöffentlichkeit setzt China derart unter Zugzwang, dass das Land sich notwendigerweise in Richtung olympischen Geist weiterentwickeln muss. Nun ja, wenn wir auf die Olympischen Spiele 1936 in Deutschland blicken, so ist dieser Vorsatz gründlich fehlgeschlagen: Das Nazi-Regime präsentierte Deutschland als gastfreundliches, tolerantes Land, um anschließend politische Verfolgung und Gewalt in unverminderter Brutalität fortzusetzen.

Sport ist Kopfsache

6

Hast du schon einmal einen Wettkampf verloren und anschließend gedacht: „Mensch, eigentlich war ich besser, ich hätte eigentlich gewinnen müssen." Ja und? Warum haste nicht gewonnen? - Pech gehabt. Lattentreffer, kurzer Aussetzer, im entscheidenden Moment gepennt. - „Ja", sagt dein Vater, „das macht es eben aus: dass man im entscheidenden Moment hellwach ist." - Du könntest ihn dafür an die Wand klatschen - vor allem weil du weißt, dass er Recht hat. Es helfen einfach keine Ausflüchte: wer gewinnt, war der Bessere. Unverdiente Sieger gibt es nicht (höchstens sie haben geschummelt, siehe z. B. das Kapitel „Doping"). Das ist oft hart sich einzugestehen, aber es ist so.

Der Trampolinturner macht eine super Übung mit Höchstschwierigkeiten, patzt aber beim letzten Sprung. Der andere zieht seine auch gute Übung sehr sauber durch. Einen Doppelsalto wie der andere kann er gar nicht. Trotzdem gewinnt er den Wettkampf. - Wer war der Bessere? Eine Mannschaft spielt das ganze Spiel über auf ein Tor. Der Gegner kommt einmal vor das andere Tor, schießt den Ball rein und gewinnt 1:0. „Wenn du kein Tor schießt, kannst du nicht gewinnen", lautet die Fußball-Weisheit dazu. Der eine spielt furioses Tennis, der Gegner kann nur reagieren. Bei den Spiel- und Satzbällen versagen ihm aber die Nerven, er traut sich nicht, weiterhin so forsch zu spielen und verliert.

Normal, ey!

Wimbledon-Sieger

2003 Roger Federer
2004 Roger Federer
2005 Roger Federer
2006 Roger Federer
2007 Roger Federer

Das englische Fußballidol Gary Linneker hat einmal seine leidvollen Erfahrungen mit der deutschen Nationalmannschaft sinngemäß so zusammengefasst: „Fußball ist ein Spiel mit 22 Spielern, einem Ball und zwei Toren - und am Ende gewinnen immer die Deutschen."
Ist es denn so, dass immer dieselben gewinnen? Und wenn ja: warum ist das so? Gibt es so etwas wie eine Siegermentalität?

Ich denke, eine Siegermentalität gibt es tatsächlich. Sie ist zum Teil angeboren. Ein Beispiel: für gewöhnlich dauert es Jahre für einen Tennisspieler, bis er sich in der Weltelite festsetzen kann. Wenn er zum ersten Mal auf einem der großen Center Courts der Welt steht, in Wimbledon oder in Paris, dann ist er so sehr beeindruckt, dass er gehemmt spielt und sich kaum konzentrieren kann. Die Spieler brauchen eine gewisse Erfahrung, bis sie damit umgehen können. Boris Becker hatte im Jahr 1987 zum zweiten Mal am bedeutendsten Tennisturnier der Welt in Wimbledon teilgenommen. Im Jahr davor hatte ihn eine Verletzung außer Gefecht gesetzt. Er war damals gerade 17 Jahre alt und völlig unbekannt. Was passierte, ist längst Geschichte: Becker hat völlig unbeeindruckt von großen Gegnern, engen Spielen und der imposanten Umgebung völlig kaltschnäuzig seine Chance genutzt und das Turnier gewonnen. Diese innere Ruhe, diese Abgeklärtheit und Zielstrebigkeit, die er dabei an den Tag legte, das war typisch für ihn, das machte den Typ Boris Becker aus. Insofern sage ich: ja, es gibt eine Siegermentalität. Sie besteht in der Fähigkeit, alle äußeren Umstände auszublenden, um sich voll auf die wesentlichen Dinge, voll auf den Sport, auf das eine Match, den einen Ballwechsel, den einen Schlag zu konzentrieren. „Fokussierung" nennen die Sportler das: ein ganz bestimmtes Ziel ins Visier nehmen und sich durch nichts davon abbringen lassen.

Aber dies ist nur die halbe Wahrheit. Die zweite Hälfte liegt in der Trainingsarbeit. Wer viel und gut trainiert, fühlt sich sicher. Er tankt Selbstvertrauen. Er weiß um seine Stärken und glaubt an sich. „Ich bin optimal vorbereitet und werde mein Bestes geben können." - Die beste Fokussierung hilft nichts, wenn man zuvor seine Hausaufgaben nicht gemacht hat. Wenn man die Fähigkeiten nicht besitzt, seinen Gegner zu bezwingen. Die Grundlage für einen Sieg sind immer die Fähigkeiten, die man sich im Training angeeignet hat.

Und noch ein Drittes kommt zur Siegermentalität hinzu: der Siegeswille und die Siegesgewissheit. Oft sagen die Reporter einfach: „Sie hat gewonnen, weil sie den stärkeren Siegeswillen hatte." Aber sie erklären nicht, worin dieser bestand. Die Sache wird deutlich, wenn wir uns einen Sportler ohne diesen Siegeswillen ansehen: er will vielleicht nur einfach ein schönes Spiel haben. Er freut sich, wenn ihm gute, vielleicht sogar spektakuläre Aktionen gelingen. In meiner Mannschaft war ein sehr guter Spieler. Aber er war das, was man ballverliebt nennt. Er konnte seine Gegenspieler auf engstem Raum ausdribbeln und hat sich regelmäßig so sehr über sich gefreut, dass er den Ball anschließend leichtfertig verloren hat. Einen ausgeprägten Siegeswillen hatte der nicht. Der andere Spieler denkt zielorientiert: der Ball muss ins Tor, egal wie! Er marschiert geradlinig aufs Tor zu, kein Haken zu viel und schließt trocken ab - nicht spektakulär, aber effektiv. Oder der Abwehrspieler: „Ich muss das Tor unbedingt noch verhindern!" -

Er setzt nach, geht bis an die Grenze des Erlaubten, grätscht dem Stürmer direkt vor dem Torschuss den Ball vom Fuß - auf dem Aschenplatz! Er hat eine mächtige Schürfwunde am Oberschenkel, aber es bleibt beim 1:0.

Auf diese Weise haben sich auf die Begriffe des Trainingsweltmeisters und des Wettkampftypen ausgebildet. Der Trainingsweltmeister kann, wenn es um nichts geht, zaubern wie kein Zweiter. Er ist locker und frei und macht die tollsten Sachen. Im Wettkampf kann er die Lockerheit aber nicht beibehalten. Er kann die positive Spannung nicht aufbauen, oder er hat die Anspannung und verkrampft dadurch. Der Wettkampftyp hingegen weiß: „das hier ist ja nur Training. Lass den Trainingsweltmeister nur mal machen. Wenn es um etwas geht, dann leg ich eine Schippe drauf und er hat keine Chance mehr!" Der läuft erst dann zur Höchstleistung auf, wenn es um Tore, Punkte und Pokale geht.

Mit einem Versuch zu Gold

Dass es beim Hochsprung nicht nur auf Höhe, sondern auch auf Zielgenauigkeit und Nervenstärke ankommt, bewies **Sergej Bubka** 1988 in Seoul: mit nur einem einzigen gültigen Versuch (über 5,90 m) wurde er Olympiasieger. Ohne das absolute Vertrauen in sein Können wäre ihm das nicht gelungen.

Zu Selbstvertrauen hatte der Ukrainer allen Grund: zwischen dem 26. Mai 1984 und dem 21. Februar 1993 stellte er insgesamt 35 Weltrekorde im Stabhochsprung (in der Halle und im Freien) auf bis zur aktuellen Weltrekordhöhe von 6,14 m im Freien. Seine Taktik, den Weltrekord immer nur um einen Zentimeter zu erhöhen, um sich weitere Chancen auf eine neue Weltrekord-Prämie zu sichern, wurde nicht von allen Beobachtern gutgeheißen.

Inzwischen eifert ihm die Russin **Jelena Isinbajewa** nach: seit dem 13. Juli 2003 hat sie 20 Weltrekorde aufgestellt. Sie gilt als die derzeit absolut beste Stabhochspringerin und als Topfavoritin für die Olympiade in Peking.

Oft sind es aber auch bestimmte momentane, situationsabhängige Dinge, die sich im Kopf abspielen, die über Sieg oder Niederlage entscheiden. Profiboxer gebären sich gerne besonders martialisch vor dem Kampf, um den Gegner einzuschüchtern. Andere Sportler reden intensiv auf sich ein, um sich für den Wettkampf anzufeuern. Denn um Höchstleistungen zu erbringen, braucht man eine gewisse Anspannung und Aggressivität. Du hast das vor dem Wettkampf hoffentlich auch: du bist nervös, leicht gereizt, ungeduldig: wann geht es endlich los? Startet der Wettkampf, entlädt sich diese Spannung in positive Energie. Jelena Isinbajewa, mehrfache Stabhochsprung-Weltrekordlerin, spricht vor ihren Versuchen immer mit ihrem Stab. Was sie ihm zuflüstert, ist ihr Geheimnis.

Aber die „Kopfsache" beim Sport geht noch weiter, ein Beispiel: Als ich 16 Jahre alt war, habe ich zum ersten Mal gegen meinen Freund und Trainingspartner Dieter im Clubturnier in einem engen Match gewonnen. Er hatte die klar bessere Vorhand und den besseren Aufschlag. Aber ich habe das Spiel mit meiner Rückhand gewonnen, die sicherer war als seine. Der Austragungsmodus wollte es so, dass ich am nächsten Tag das Finale nochmals gegen ihn bestreiten musste. Als ich auf die Tennisanlage kam, stand er bereits auf dem Platz, um seine Rückhand zu trainieren. Als ich das sah, spürte ich sofort, dass ich das Spiel wieder gewinnen würde. Warum? Er hatte auch gemerkt, dass er das Spiel mit seiner Rückhand verloren hatte. Somit machte es ja Sinn, dies nochmals zu trainieren. Aber er hat Rückhand topspin trainiert. Und ich habe gesehen, dass sie durch das Training nicht sicherer wurde, dasselbe hat er auch gemerkt. Entsprechend ging ich ins Match mit der Gewissheit, das Match wieder über die Rückhand dominieren zu können. Und er ging ins Match in derselben Gewissheit: dass ich das Spiel über die Rückhand dominieren würde. - Wenn er schon sich nochmals speziell vorbereiten wollte aufs Endspiel, hätte er Rückhand slice, also mit Unterschnitt trainieren müssen! Die konnte er nämlich sicherer spielen. Zudem hätte mich dies vielleicht verunsichert, weil er es plötzlich mit einer anderen Taktik versucht; oder seine Stärke, die Vorhand, trainieren sollen, um sich Mut zu machen. - Ach ja: war das Match am Vortag noch eng, ging die Sache im Finale recht deutlich zu meinen Gunsten aus, das könnt ihr mir glauben. Und Dieter hat wirklich sehr lange gebraucht, um sich von diesen beiden Niederlagen zu erholen.

Ihr seht: mit psychologischen Tricks kann man eine ganze Menge erreichen. Hochspringer haben beispielsweise oft Hemmungen, wenn die Latte im Wettkampf sehr hoch liegt: „Oh Gott, wie soll ich da drüber kommen?" Deshalb lassen die Trainer die Latte im Training manchmal sehr hoch hängen, um diese Hemmschwelle abzubauen. - Entgegen der Maxime, dass man nicht unbedingt mit Maximalkraft trainieren soll. Der legendäre Fußballtrainer Christoph Daum hat die Spieler von Bayer Leverkusen einmal über glühende Kohlen laufen lassen, um ihnen zu demonstrieren, dass sie Unglaubliches erreichen können, wenn sie nur wollen. Interessant sind auch die Methoden, wenn ein Sportler sich nicht traut, eine bestimmte Übung zu machen. Nehmen wir den Sprung vom 5-Meter-Turm. Der hat ja eigentlich nichts mit Können zu tun. Prinzipiell muss das jeder können: einen Schritt nach vorne in den Abgrund machen und den Kopf oben lassen. - Habt ihr das schon mal gemacht? Wie habt ihr eure Angst überwunden? Es gibt verschiedene Methoden. Manche stehen minutenlang oben und starren in die Tiefe. Plötzlich springen sie. Andere laufen schnurstracks an die Kante und springen, ohne anzuhalten oder nach unten zu sehen. Manche wollen sich nicht unter Druck setzen und sagen: „Ich geh mal rauf, weiß aber nicht, ob ich springen werde." Die anderen sagen: „Wenn ich rauf gehe, gehe ich auf keinen Fall wieder die Treppe runter!" - Wenn ich von einem Wasserspringer oder Trampolinturner möchte, dass er einen neuen Sprung macht, dann sollte ich als Trainer wissen, welchem Typ er angehört. Reicht es, ihm gut zuzureden, wenn er sich nicht traut? Sollte ich ihn unter Druck setzen? Muss ich gar nichts sagen und ihn einfach springen lassen? - Und ich muss den Sportler natürlich auch einschätzen können: Kann er diese neue Bewegung? Wird er sie auch unter dem psychischen Druck umsetzen können?

Mentales Training

Nun gibt es, was die psychischen Anforderungen betrifft, einen großen Unterschied zwischen Sportarten wie Handball oder Tennis und Turnen oder 100-Meter-Lauf. Beim Tennis kann ich mich ins Spiel hineinkämpfen. Wenn es anfangs nicht so gut läuft, habe ich immer noch genügend Zeit und Möglichkeiten, mein Leistungsniveau abzurufen und zu gewinnen. Beim Turnen ist das anders. Beim Trampolinturnen besteht eine Übung aus 10 Sprüngen. Jeder springt eine Kür und eine Pflicht. Zehn Sprünge, und der erste ist meist bereits der schwierigste. Vom ersten Moment an muss man voll konzentriert und auf voller Wettkampfspannung sein. Bereits die fünf bis zehn Vorsprünge können darüber entscheiden, ob die Übung gelingen wird. Nach etwa zehn Sekunden ist die Übung vorbei. Ein Patzer beim ersten Sprung wäre absolut verzeihlich, schließlich ist man nervös und von null auf volles Tempo hochzuschalten ist schwierig. Aber dieser eine Patzer kann zum Abbruch der Übung führen, praktisch null Punkte, wochenlange Vorbereitung umsonst.

Die Sportler, die unter solchen psychischen Belastungen Wettkämpfe bestreiten, bedienen sich oft des mentalen Trainings. Dabei wird geübt, alle äußeren Einflüsse abzuschalten, sich nur auf sich selbst zu konzentrieren. „Nur ich bin da, ich und die Aufgabe, die ich zu bewältigen habe." Insbesondere U.S.-amerikanische Sportler bedienen sich auch gerne beim mentalen Training der Autosuggestion, das heißt: sie reden sich selbst etwas ein: „Ich bin der Größte. Keiner ist besser als ich! Ich habe gut trainiert und beherrsche meine Übungen!" oder: „Wenn der Startschuss fällt, bin ich nicht mehr zu bremsen, geh ich ab wie eine Rakete!" Vor dem Wettkampf versuchen die Sportler, auf diese einstudierte Denkübung zurückzugreifen: „Nur ich, ich bin der Beste, ich werde gewinnen, i´m doing my job" oder wie Jens Hannawald, die deutsche Skisprunglegende, zu seinen besten Zeiten zu sagen pflegte: „I mach halt mei Sach."

Sportler als Spielball der Politik

Das IOC widersetzt sich jedem Missbrauch des Sports und der Athleten zu politischen Zwecken, heißt es in der olympischen Charta.

Oft wurden die Olympischen Spiele allerdings zur Plattform, auf der die Feindseligkeiten unter den Nationen ausgetragen wurden. Die DDR wollte der Bundesrepublik beweisen, dass sie die besseren Sportler hervorbringt, und die USA der UdSSR und andersrum. Die USA und weitere 29 verbündete Staaten (darunter auch die Bundesrepublik) boykottierten die Olympischen Spiele von 1980 in Moskau aus Protest gegen den Einmarsch sowjetischer Truppen in Afghanistan. Daraufhin revanchierten sich die UdSSR und deren Verbündete, indem sie ihre Sportler nicht zu den Olympischen Spielen nach Los Angeles fahren ließen. Offizieller Grund: man sah die Sicherheit der Sportler in den USA nicht gewährleistet.

Ebenfalls ein Politikum war der Ausschluss von Südafrika wegen seiner Politik der scharfen Rassentrennung und Unterdrückung der Schwarzen (1964 bis 1992).

Einen schrecklichen Höhepunkt stellte die Entführung israelischer Sportler 1972 in München dar. Terroristen wollten auf die Lage der Palästinenser im Nahen Osten aufmerksam machen.

Vergleichsweise harmlos war dagegen die Demonstration zweier amerikanischer Sprinter 1968 in Mexiko. Auf dem Siegerpodest hielten sie, während die Nationalhymne gespielt wurde, die geballte Faust in den Himmel. Diese Geste stand für die „Black Power"-Bewegung, die sich für die Gleichberechtigung der schwarzen Bevölkerung in den USA einsetzte. Olympiasieger Tommie Smith und Bronzemedaillengewinner John Carlos wurden von ihrem Verband daraufhin nach Hause geschickt.

Den Sportlern sind politische Meinungsäußerungen in den Sportstätten verboten. Viele spüren aber das Bedürfnis, sich öffentlich von der chinesischen Regierung und deren Missachtung der Menschenrechte zu distanzieren. Es wird interessant sein zu beobachten, wie die Athleten mit dieser Situation umgehen werden.

Elf Freunde müsst Ihr sein

7

Soziologie ist die Lehre von den Bündnissen: wer ist mit wem befreundet? Welche Freundeskreise bilden sich und wie bilden sie sich? Gegen wen grenzen sie sich ab? Wer gehört dazu und wer nicht? Dies lässt sich für die Familie, die Schulklasse genauso wie für die ganze Gesellschaft darstellen, und genauso eben für Gruppen im Sport.

Man sagt, beim Sport ist es einfach, Freunde zu finden. Das liegt schon daran, dass man sich automatisch regelmäßig trifft. Man muss sich nicht extra verabreden, sondern man geht einfach zum Training. Außerdem hat man ein gemeinsames Hobby, über das man sich austauschen kann. Hast du denn echte Freunde beim Sport, mit denen du dich auch sonst verabredest? Davon kann der Erfolg einer Trainingsgruppe maßgeblich abhängen. Wenn ihr alle befreundet seid, geht ihr gerne zum Training. Wenn ihr alle zum Training geht, dann werdet ihr auch besser und euer Sport macht euch mehr Spaß. Und wenn ihr euch mit Spaß ständig verbessert, werdet ihr auch erfolgreich sein.

Stell dir die umgekehrte Situation vor: Beim Training gibt es welche, die du überhaupt nicht ausstehen kannst. Womöglich sind die wiederum miteinander befreundet. Dann ärgern sie dich noch. Daraufhin versuchst du, andere aus der Trainingsgruppe auf deine Seite zu ziehen. So entstehen zwei Lager, die am liebsten nichts miteinander zu tun haben wollen. Die Atmosphäre beim Training ist vergiftet, so richtig gerne geht keiner mehr hin.

Das gemeinsame Hobby kann solche persönlichen Feindseligkeiten ausbügeln. Das ist eine interessante Erfahrung: dass man jemanden nicht besonders gut leiden kann, dass man beim Sport aber sehr gut miteinander klar kommt. Und im Laufe der Zeit freundet man sich doch mit dem anderen an.

Der gemeinsame Sport kann die Feindseligkeiten aber genauso gut verschärfen: „Die spielen mir nie den Ball ab, weil sie mich nicht leiden können!" Oder: „Die blöde Kuh kann das alles viel besser als ich!" - Hier sollte der Trainer eingreifen. Eine Trainingsgruppe sollte also auch zwischenmenschlich gut funktionieren.

Bei Individualsportarten kämpft im Wettkampf jeder für sich, auch wenn er nicht alleine trainiert. Die Sportler sehen nicht unbedingt, dass es wichtig ist, dass sie sich im Training gegenseitig unterstützen. Oft sind die Sportler neidisch aufeinander, weil der eine erfolgreicher und besser ist als der andere. Nach dem Wettkampf ist einer ganz euphorisch, weil er gut, der andere niedergeschlagen, weil er schlecht abgeschnitten hat. Darauf muss vor allem der Trainer achten. Oft werden die Mitglieder der Trainingsgruppe zu Konkurrenten im Wettkampf. Das ist natürlich eine sehr schwierige Situation. Schön ist es, wenn der Unterlegene dem Sieger den Sieg gönnt. Das ist eine echte sportliche Einstellung. Ich habe dir bereits von meinem Tennisfreund Dieter

Das Olympische Dorf

In der Antike trafen sich die Olympioniken einige Wochen vor den Spielen, um gemeinsam zu trainieren. Untergebracht waren sie in Zelten, da Olympia, ihre Sportstätte, keine wirkliche Stadt war.

In Paris wurde 1900 bereits erstmalig ein Barrackenlager errichtet. 1908 in London konnten die Athleten zumindest auf einen Dienstleister zurückgreifen, der sich um die Vermittlung von Unterkünften kümmerte. Zu den Spielen 1932 in Los Angeles wurde erstmals ein Olympisches Dorf errichtet. Nach den Spielen wurde sie wieder abgerissen. Vier Jahre später, 1936 in Berlin, wohnten fast alle der rund 4.000 Olympioniken im Olympischen Dorf, das erstmals über reichlich Komfort verfügte. Es gab einen Speisesaal, ein Kulturhaus, Schwimm- und Sporthalle und sogar eine Sauna.

1948 in London, drei Jahre nach dem Ende des II Weltkriegs, konnte kein olympisches Dorf errichtet werden. Die Sportler waren in Kasernen und Schulen untergebracht. Optimale Bedingungen hatten die Athleten dabei sicherlich nicht.

Heutzutage ist aus dem olympischen Dorf eine multikulturelle Kleinstadt geworden. In Peking will man ein religiöses Zentrum schaffen, in dem Ansprechpartner aller großen Religionen bereitstehen. Außerdem muss auf die Essgewohnheiten aller Menschen aus den unterschiedlichsten Winkeln der Erde geachtet werden.

Das Olympische Dorf soll nicht nur den Sportlern die Suche nach einer Unterkunft ersparen. Es soll auch den Gedanken transportieren, dass die Olympischen Spiele eine Zusammenkunft der Jugend der Welt ist, bei der ein reger Kulturaustausch stattfinden soll. Deshalb wird erwartet, dass die Organisatoren ein Rahmenprogramm mit kulturellen Angeboten nicht nur im olympischen Dorf anbieten.

Dass ein harmonisches Miteinander im olympischen Dorf keine Selbstverständlichkeit ist, zeigte sich im Jahr 1952: Die erstmals zu Olympischen Spielen antretenden sowjetrussischen Sportler wollten nicht mit den kapitalistischen Aktiven zusammen wohnen. Daraufhin verschaffte man ihnen eine gesonderte Unterkunft in einem Studentenwohnheim.

In Zeiten des Profisports ist der Gedanke des kulturellen Austausches in den Hintergrund getreten. Dennoch erleben die Athleten die Stimmung im Olympischen Dorf als etwas ganz Besonderes. Selbst hartgesottene Profis und Millionäre lassen es sich deshalb oft nicht nehmen, ein kleines Appartement im Olympischen Dorf zu beziehen.

77

erzählt. Wir haben viel zusammen trainiert. Jeder wollte der Beste sein. Vor und nach dem Wettkampf sind wir uns zwei, drei Wochen aus dem Weg gegangen. Natürlich war der Verlierer zermürbt. Aber wir haben den Sieg des anderen akzeptiert. Und so haben wir immer wieder zusammengefunden.

Wichtig ist auch, dass die Sportler sich gegenseitig beim Wettkampf unterstützen. Ich bin mit den Kindern vom Trampolinspringen auch zu Wettkämpfen gefahren. Da laufen ganz viele Turner und Turnerinnen durcheinander. Man hat nur ganz kurz Zeit, sich einzuturnen, dann wartet jeder auf seinen Auftritt. Man sieht dabei, ob eine Gruppe funktioniert, wenn die Sportler sich gegenseitig Mut zusprechen; wenn sie sich gemeinsam aufwärmen; wenn sie sich beim Einturnen gegenseitig Hilfestellung und Tipps geben. Die Sportler fühlen sich wohler dadurch, und das gibt Sicherheit.

Bei Mannschaftssportarten ist das gegenseitige Unterstützen noch viel wichtiger. Aber es ist auch etwas leichter umzusetzen, denn der Neidfaktor ist nicht so groß. Im Gegenteil: man freut sich, dass man so gute Spieler in der eigenen Mannschaft hat, denn die garantieren den eigenen sportlichen Erfolg. Die Probleme sind etwas anders gelagert, ein Beispiel: Hast du schon einmal von Michael „Air" Jordan, dem weltbesten Basketballer aller Zeiten, gehört? Er ist mit seiner Mannschaft, den Chicago Bulls, dreimal hintereinander nordamerikanischer Meister geworden, eine absolute Sensation. Sein Trainer, Phil Jackson, hat in einem Buch beschrieben, dass dieser Erfolg keine Selbstverständlichkeit war. Gerade den Besten muss klar gemacht werden, dass sie ohne die Mannschaft nicht gewinnen können. Sie stehen zwar nach ihrem Leistungsvermögen über allen, müssen sich dennoch in die Mannschaft einfügen und für die Mannschaft spielen und da sein. Dass es Phil Jackson gelungen ist, Jordan zu einem Mannschaftsspieler zu machen, war der Schlüssel zum Erfolg der Mannschaft und nicht zuletzt auch von Jordan selbst.

Hier gibt es ein zweites Phänomen, das derzeit auch bei der deutschen Basketball-Nationalmannschaft aktuell ist. Die Nationalmannschaft hat in Dirk Nowitzki ihren überragenden Spieler. Das bringt zwei Erscheinungen mit sich: zum einen neigen die anderen Spieler dazu, die Verantwortung an ihn abzugeben. Sie sehen ihm staunend beim Spielen zu, passen immer schnell zu ihm, anstatt selbst auf ihre eigenen Stärken zu setzen. Zum anderen fühlt sich Nowitzki in der Pflicht: „Ich bin nun einmal der Beste, also muss ich auch alles machen." Die Gefahr besteht, dass er sich zu sehr unter Druck setzt und dadurch nicht seine Top-Leistung abrufen kann, dass er auch zu viel alleine versucht, anstatt seine Mitspieler in Szene zu setzen. - Hast du in deiner Mannschaft auch einen Spieler, der denkt, er ist der Beste und deshalb alles alleine macht? Dann weißt du, wie schwer es ist, damit umzugehen.

Beim Fußball ist oft der Spielmacher, die Nummer 10, der technisch beste Spieler. Es gibt die Regel: der Spielmacher hat dann gut gespielt, wenn seine offensiven Mitspieler viele gute Szenen hatten. Denn das ist seine Haupt-aufgabe: die Stürmer in gute Schusspositionen zu bringen. Dabei kann der Spielmacher selbst ganz unauffällig agieren.

Du siehst, dass hier eine ganze Reihe von Schwierigkeiten angesprochen sind. Wenn du eine Mannschaftssportart betreibst, kennst du solche oder ähnliche Probleme aus eigener Erfahrung: Einer wirft die meisten Tore, der Rest ver-lässt sich auf ihn. - Wehe, wenn er mal einen schlechten Tag hat. Wehe, wenn er gar die Mannschaft verlässt! Du hast gute Spieler in der Mannschaft. Leider finden die guten Spieler auch recht schnell heraus, dass sie gut sind. Sie ha-ben es oft nicht nötig abzuspielen, die anderen Spieler sind genervt.

Eine gut funktionierende Mannschaft lebt von ihren unterschiedlichen Cha-rakteren. Es gibt Kämpfertypen, die durch ihren Einsatz die anderen mitrei-ßen können. Einer glänzt mit genialen Zuspielen. Andere haben den Überblick über das ganze Spielfeld und können ihre Mitspieler gut positionieren. Der nächste genießt bei allen Autorität, er feuert seine Mitspieler immer wieder an. Andere wissen, dass sie diese Hilfe brauchen, und sind auf die Tipps der anderen angewiesen. Optimal ist es, wenn jeder Typ seine individuelle Stärke einbringen kann und damit die Gruppe stärkt. Man spricht hier davon, dass das Mannschaftsgefüge stimmen muss.

„Elf Freunde müsst ihr sein" - das ist einer dieser klassischen Leitsprüche, die der legendäre Trainer der deutschen Fußballnationalmannschaft Sepp Herberger, der sein Team im Jahr 1954 sensationell zum ersten Weltmeister-titel für Deutschland geführt hat, geprägt hat. Das heißt: auf dem Spielfeld ist jeder für den anderen da, jeder hilft dem anderen, bügelt die Fehler des

Jeder kämpft für sich

Der Medaillenspiegel soll aufzeigen, welches Land die besten Sportler hat. Er macht glauben: Wer die meisten Olympiasieger hervorbringt, ist auch die „beste" Nation. So haben jahrzehntelang die USA, die DDR und die UdSSR um die Vormachtstellung gerungen. Heute tritt als sportliche Großmacht China hinzu. Eine solche Nationenwertung ist sehr fragwürdig und hat wenig mit dem olympischen Gedanken der Völkerversöhnung zu tun. In der Olympischen Charta steht ausdrücklich: „Die Olympischen Spiele sind Wettkämpfe zwischen Athleten..., nicht zwischen Ländern." Nationalitäten standen folgerichtig zunächst im Hintergrund. Erst bei den 3. Spielen 1904 zogen die Athleten nach Nationen geordnet bei der Eröffnungsfeier ins Stadion ein. Der Schweizer A. Spinnler errang 1904 mit der deutschen Turnerriege die Goldmedaille. Das britisch/deutsche Tennisdoppel Boland/Traun holte 1896 in Athen Gold.

anderen aus. Alle werden ins Spiel einbezogen. Jeder kann seine besonderen Stärken einbringen. Solch eine Mannschaft kann aus durchschnittlichen Einzelspielern bestehen, sie können dennoch Mannschaften, die lediglich „eine Ansammlung von hervorragenden Einzelspielern" ist, schlagen. So war dies im WM-Endspiel von Herbergers Mannschaft gegen die übermächtig scheinenden Ungarn, und so ist das heute, wenn der VfB Stuttgart vor Schalke, Bremen und Bayern München deutscher Fußballmeister wird. Wenn „es läuft", kann jeder Spieler seine Leistung deutlich steigern und Sicherheit und Konstanz gewinnen. Dieser „Lauf" der Stuttgarter ist inzwischen dahin, die Leistungen der einzelnen Spieler sind auf ein durchschnittliches Niveau zurückgefallen.

Ich will hier noch kurz einen weiteren soziologischen Aspekt des Sports ansprechen: die soziale Herkunft. Es macht schon einen Unterschied, ob ein Kind aus wohlbehüteten Verhältnissen kommt. Es hat gelernt, Ansprüche an die Eltern zu stellen. Es fordert

Erklärungen. Dasselbe gilt, wenn es Sport treibt. Das Kind von Eltern, die sich kaum um es kümmern, das sich womöglich gegen vier Geschwister behaupten muss, dessen Eltern als Erklärung nur eine Ohrfeige parat haben, wird sich beim Sport anders verhalten. Es ist gewohnt, für seine Interessen zu kämpfen, mit Rückschlägen fertig zu werden, bei Stürzen hart zu landen. Beide Typen können auf ihre Art sehr erfolgreich sein. Als Sportler oder Trainer müssen wir lernen, mit den unterschiedlichen Typen umzugehen.

Die beiden Typen werden möglicherweise auch unterschiedlich mit Erfolg und Misserfolg umgehen. Prinzipiell gilt: wem es nicht gelingt, aus Niederlagen zu lernen und gestärkt daraus hervorzugehen, wird kein großer Sportler werden. Man wird in seinem Sportlerleben wahrscheinlich mehr Niederlagen als Erfolge erzielen. Schon deshalb ist es wichtig, mit Niederlagen umgehen zu lernen. Wichtig ist eine ruhige Analyse: warum habe ich verloren? Habe ich mir etwas vorzuwerfen? Hat meine Form nicht gestimmt? War der Trainingsplan falsch? Habe ich nicht intensiv genug trainiert? Als Konsequenz werden dann die eigenen Schwächen im Training verstärkt angegangen. Es ist sehr befriedigend, anschließend den Lohn für die Arbeit zu ernten! - Womit wir beim letzten Thema dieses Buches sind.

Sport im Fernsehen

Siehst du viel Sport im Fernsehen? Dies hängt womöglich von deinen Eltern, meistens vom Vater, ab. Samstag abends die Sportschau, das ist klar. Und sonst? - Ich gebe hier mal eine ganz klare Ansage vor, an die ich mich immer gehalten habe: Selbst Sport treiben geht immer vor Sport im Fernsehen anschauen! Wenn Training angesetzt ist und im Fernsehen kommt ein WM-Fußballspiel, wird selbstverständlich trainiert! Selbst Sport zu treiben bringt einfach viel mehr Gewinn als anderen dabei zuzusehen.

Was ist aber so faszinierend am Sport, dass Millionen sich Tag für Tag das Spektakel im Fernsehen ansehen? Dafür gibt es viele Gründe, ich will euch ein paar anführen.

Die Welt, in der wir leben, ist kompliziert und undurchschaubar. Wer ist gut, wer böse? Wer oder was ist besser? - Im Sport am Bildschirm ist dagegen alles ganz einfach: der Beste hat gewonnen. Wer der Beste ist, kann eindeutig und klar durch Messen und Bewerten festgestellt werden. Eine Hundertstel ist eine Hundertstel, basta. Deutschland ist besser als Portugal im Medaillenspiegel und so weiter. Ausreden zählen nicht.

Außerdem sind Sportler Menschen, mit denen wir uns gerne identifizieren. Man sagt „unsere Jungs" oder sogar „wir", wenn man die elf Millionäre meint, die in einem deutschen Trikot Fußball spielen. Noch wichtiger sind Vereine: mein HSV, mein Schalke und so weiter. Wir wollen gerne denken, wir seien einer von denen, die da erfolgreich Sport treiben. Und wir glauben gerne, die, die dort unten auf dem Spielfeld gerade den Deutschen Meister bezwingen, das seien welche von uns. Menschen brauchen das. Das sagt die Soziologie, ihr wisst: die Lehre von den Bündnissen: „Wir sind der BVB Dortmund, ein Hoch

Athen 1896

	gold	silber	bronze
USA	11	6	2
Griechenland	10	19	18
Deutschland	7	5	3
Frankreich	5	4	2
Großbritannien	3	3	1

Athen 2004

	gold	silber	bronze
USA	36	39	27
China	32	17	14
Russland	27	27	38
Australien	17	16	16
Japan	16	9	12
Deutschland	13	16	20

Turin 2006

	gold	silber	bronze
Deutschland	11	12	6
USA	9	9	7
Österreich	9	7	7
Russland	8	6	8
Kanada	7	10	7
Schweden	7	2	5

Peking 2008

	gold	silber	bronze

Der Medaillenspiegel

auf schwarz-gelb! Und ihr Schalker seid doof! Wir machen euch nieder, euch und euer Königsblau!" Uns Menschen sind solche Bündnisse extrem wichtig. Früher wurden deswegen Kriege geführt und Morde verübt. Frankreich war für die Deutschen jahrhundertelang „der Erbfeind". Der Dreißigjährige Krieg, der Hunderttausende von Opfern in Mitteleuropa gebracht hatte, war ein Glaubenskrieg! „Wir Katholiken sind die Guten, ihr Protestanten seid des Teufels!" und anders herum. Und nicht zu vergessen der furchtbare Hass auf die Juden, der Antisemitismus. Menschen schließen sich gern zusammen, um sich von anderen abzugrenzen. Der Sport bietet die Mittel dazu.

Was den Sport im Fernsehen noch so anziehend macht, sind die Geschichten und Dramen. Lance Armstrong, der gerade die tödliche Krebserkrankung besiegt hat, fährt bei der Tour de France allen auf und davon. Der VfB Stuttgart mit den jungen wilden Spielern wird deutscher Meister. Die Weltklasseturnerin weint bitterliche Tränen, weil sie durch einen Patzer in letzter Sekunde olympisches Gold verpasst hat. Der Sport ist voll solcher Geschichten. Der FC Bayern München führt im Champions League-Finale gegen Manchaster bis zur 89. Minute sicher und verdient mit 1:0. Dann fällt der Anschlusstreffer, in der Nachspielzeit sogar der Siegtreffer für Manchester. Welch eine Tragödie für die einen, welch ein Triumph für die anderen. Und Millionen leiden oder freuen sich mit. Der 17-jährige Toni Kroos vom FC Bayern wird im UEFA-Cup Spiel in Belgrad beim Stand von 1:2 eingewechselt. Das 2:2 bereitet er vor, den 3:2 Siegtreffer erzielt er selbst. „So etwas", heißt es dann gerne, „gibt es nur im Fußball". Oliver Kahn, einer der weltbesten Torhüter, unumstrittene Nr. 1 im deutschen Tor, sitzt bei der Weltmeisterschaft im eigenen Land nur auf der Bank. Das hat die Menschen wochenlang beschäftigt.

Und noch ein Letztes sei angefügt. Wer Sport im Fernsehen sieht, wird abgelenkt von der eigenen Faulheit, vom eigenen Übergewicht, von der eigenen „Sportlosigkeit". Denn wer will schon ständig daran denken, dass ihm der Arzt Bewegung verordnet hat, er aber jede kleine Strecke mit dem Auto zurücklegt? Deshalb nochmals mein dringender Appell: Sporttreiben geht vor Sport anschauen, vor allem vor dem Fernseher. Dann geht lieber zu dem Sportplatz oder in die Halle um die Ecke und seht euch dort Sport an. Das ist auch sehr interessant, und die Sportler freuen sich über ein paar Zuschauer. Und ihr bekommt auch eine realistischere Vorstellung davon, in welcher Weise ihr selbst mal als Erwachsene Sport treiben werdet. In einem richtigen Stadion vor laufenden Kameras Sport zu treiben, das gelingt nämlich nur den Allerwenigsten.

Doping

Die Kommerzialisierung des Sports

Durch das ungeheure Zuschauerinteresse ist der Sport ein riesiges Geschäft. Milliarden von Euros, Dollars und so weiter werden jährlich umgesetzt. Die Fernsehsender bezahlen dafür, dass sie bestimmte sportliche Ereignisse übertragen dürfen. Sie verdienen das Geld, indem sie Werbung schalten. Die werbenden Firmen bezahlen horrende Summen, um im Rahmen von Sportveranstaltungen ihre Produkte anzupreisen. Es sind bei weitem nicht nur die Sportler, die vom Sport leben. Da sind Reporter von allen Medien, Techniker, die die Fernsehübertragungen organisieren. Marketing-Spezialisten sorgen dafür, dass sich Unternehmen finden, die den Sport unterstützen oder die in Werbung rund um den Sport investieren. Sie sorgen dafür, dass Werbeplakate in den Stadien angebracht werden, dass Werbeflächen verkauft werden und so weiter. Außerdem werden Fanartikel hergestellt und verkauft. Und nicht zu vergessen all die Berater, Trainer, Betreuer, Mediziner, die für die Bestleistungen der Athleten sorgen wollen. Und in letzter Zeit leider nicht zu vernachlässigen: Pharma-Firmen und deren Agenten, die erlaubte und unerlaubte leistungssteigernden Mittel herstellen und vertreiben.

Auch die Sport-Funktionäre müssen finanziert werden. Was sind Funktionäre? - Nimmst du mit deiner Mannschaft am Punktspielbetrieb teil? Ja? Dann habt ihr einen Spielplan, in dem die Spieltermine und -orte eingetragen sind. Ein Schiedsrichter wird gestellt. Es werden bestimmte Regeln und Spielordnungen aufgestellt und so weiter. Das wird vom jeweiligen Sportverband organisiert. Die Leute, die das organisieren, nennt man Funktionäre, weil ohne sie diese Wettkämpfe nicht funktionieren würden. Für jede Sportart gibt es einen solchen Verband. Auch die Bundesligaspiele werden so organisiert, ebenso große Veranstaltungen wie Formel 1 Rennen, Weltmeisterschaften und die Olympischen Spiele. Funktionäre verrichten ihre Tätigkeit oft ehrenamtlich. Dafür können sie dann auch mal in ein fernes Land reisen und in einem Fünf-Sterne-Hotel logieren, um eine Weltmeisterschaft vorzubereiten. Für diese Weltmeisterschaft bekommen sie auch Eintrittskarten geschenkt. Diese Funktionäre entscheiden darüber, in welchem Land die nächste Weltmeisterschaft stattfindet. Wenn also Deutschland die WM ausrichten will, dann ist eines am wichtigsten. Die Veranstalter müssen die Leute, die darüber entscheiden, dazu bringen, für ihr Land zu stimmen. Tja, wenn da ausschließlich sportliche und organisatorische Aspekte eine Rolle spielen, würde mich das wundern. - Du weißt, was ich meine. Es geht um Millionen! Salt Lake City hatte sich für die Olympischen Winterspiele 2002 beworben. Das Exekutivkomittee des Internationalen Olympischen Kommittees (IOC) hat über die Vergabe zu entscheiden. Die Veranstalter aus Salt Lake City müssen derartig großzügig Geschenke an die Exekutivmitglieder verteilt haben, dass es denen fast schon

Kosten in Milliardenhöhe

Die Kosten für die Spiele in Salt Lake City haben etwa 2 Milliarden Dollar betragen, bei 2399 Teilnehmern sind das sind rund 834.000 Dollar pro Athlet. Für die Olympischen Spiele in London 2012 sind 12 Milliarden Euro für den Bau der Wettkampfstätten und die Durchführung der Spiele veranschlagt (Stand Anfang 2008). Für die Spiele in Peking waren 23 Milliarden Euro für die Infrastruktur und 3,6 Milliarden für die Organisation der Spiele geplant. Für die Übertragungsrechte hat der US-amerikanische Fernsehsender 894 Mio. Dollar bezahlt, für die euro-

päischen Übertragungsrechte kommen 443 Mio. Dollar hinzu. Außerdem bezahlen Unternehmen Unsummen, damit sie bei den Spielen und mit den Spielen werben dürfen. All diese Gelder fließen in die Kassen des IOC. Denn: „Die Olympischen Spiele sind ausschließliches Eigentum des IOC", heißt es in Regel 11 der Olympischen Charta.

Das IOC wird den Löwenanteil des Geldes an das Organisationskomitee der Spiele weiterleiten. Das verbleibende Defizit muss die austragende Stadt tragen, die dafür vor aller Welt Werbung in eigener Sache machen kann.

Endkämpfe am Vormittag

Auf Druck des Fernsehsenders NBC werden in Peking attraktive Finals vormittags stattfinden, damit sie in den Vereinigten Staaten zur besten Sendezeit am Abend live ausgestrahlt werden können. Für uns Europäer bedeutet dies: Morgens um vier Uhr aufstehen, wenn wir spannende Endkämpfe beispielsweise im Schwimmen live miterleben wollen.

Das größte Spektakel der Welt

Bei den ersten Olympischen Spielen im Jahr 1896 waren ca. 300 Männer, (keine Frauen) aus 13 Ländern vertreten. In 9 Sportarten gab es 43 Entscheidungen.

2008 in Peking werden in 28 Sportarten 301 Goldmedaillen unter mehr als 11.000 Sportlern vergeben. Für die meisten Athleten müssen Unterkünfte bereitgestellt werden. Das Olympische Dorf ist längst eine Olympische Kleinstadt. 100.000 Freiwillige werden bei den Spielen in Peking als Helfer rund um die Wettkämpfe für Zuschauer und Athleten eingesetzt. Nicht zu vergessen die hunderte von internationalen Wettkampfrichter, die für die reibungslose Durchführung der Wettkämpfe sorgen, die Betreuer der Athleten und auch die Tausenden von Journalisten, die jederzeit über die neuesten Ergebnisse informieren wollen. Dazu müssen Kilometer von Kabel verlegt werden, hunderte Kameras installiert und Live-Übertragungen in alle Winkel der Welt sichergestellt werden.

In den Jahren vor den eigentlichen Wettkämpfen müssen viele der Sportstätten wie ein 50.000 bis 100.000 Zuschauer fassendes Olympiastadion extra errichtet werden. Pläne müssen angelegt werden, wann welche Wettkämpfe wo durchgeführt werden. Wie können beispielsweise die Athleten, Betreuer, Zuschauer und Journalisten die Wettkampfstätten schnell erreichen? - In Peking werden alleine U-Bahn-Linien für 400 Mio. Euro renoviert.

peinlich geworden sein muss. Jedenfalls flog die Sache auf - denn dies nennt man Bestechung und ist verboten! - und in den Medien gab es mächtig Wirbel. Das IOC führte eine Untersuchung durch, in deren Folge vier Mitglieder zurücktraten und sechs ausgeschlossen wurden.

Die Olympischen Spiele wurden in den letzten drei Jahrzehnten völlig kommerzialisiert. Stellt euch vor, dass bis in die achziger Jahre hinein alle Sportler Amateure sein mussten! Das wäre heute absolut undenkbar. Wettkämpfe finden früh morgens oder spät abends statt. Denn die Hauptsponsoren sind amerikanische Firmen. Sie wollen die Wettkämpfe den Amerikanern, besser gesagt dem amerikanischen Markt, live präsentieren, und mit den Wettkämpfen natürlich ihre Produkte. Da man mit der Zeitverschiebung rechnen muss, finden die Wettkämpfe manchmal zu für die Sportler fast unerträglichen Zeiten statt.

Der Doping-Sumpf

Was hat die Kommerzialisierung des Sports nun mit Doping zu tun? Zweierlei. Erstens kann man als guter Profi-Sportler gut Geld verdienen. Wenn ich sehr gut bin, kann ich sehr gut Geld verdienen. - Was würdest du tun: jahrelang betreibst du deinen Sport aus voller Leidenschaft. Nichts wünschst du dir sehnlicher, als dies den ganzen Tag tun zu dürfen, somit dein Geld damit zu verdienen. Es scheint sich aber herauszustellen, dass du es doch nicht ganz schaffst. Dann spricht dich eines schönen Tages ein netter Herr an, womöglich ist es dein Trainer, und sagt: „Ich kann dir helfen, dass du es zum Profi schaffst. Nimm davon ein paar Pillen, das steigert deine Leistung um fünf bis zehn Prozent. Das machen sowieso alle. Oder warum glaubst du, sind sie dir immer ein kleines Stückchen voraus?" - Was würdest du machen?

Doping hat leider eine lange Tradition. In der DDR wurden erfolgversprechende Sportler von jungen Jahren an systematisch gedopt. Gedacht hat das damals schon jeder, aber es ließ sich nicht nachweisen. In der UdSSR, dem heutigen Russland, wird es nicht anders gewesen sein. Und da insbesondere die U.S.-amerikanischen Sportler in ihren Leistungen denen aus der DDR und

UdSSR in nichts nachstanden, wird auch dort Doping an der Tagesordnung gewesen sein. U.S.-Leichtathleten waren in den 80-er Jahren systematisch gedopt. Bei der Olympiade 1988 wurde der frisch gekürte 100m-Olympiasieger und Weltrekordler Ben Johnson, ein Kanadier, des Dopings überführt. Das war ein Riesenskandal. Heute weiß man, dass mindestens die ersten vier der acht Läufer dieses Finales vorher oder nachher mit Doping in Kontakt gekommen sind, inklusive Carl Lewis, dem großen Widersacher Ben Johnsons. Ihm wurde die Goldmedaille zuerkannt, obwohl er bei den amerikanischen Ausscheidungswettkämpfen zur Olympiade eine positive Dopingprobe abgegeben hatte. Das Olympische Komitee der USA (USOC) hat dies allerdings nicht veröffentlicht und dem Sportler eine Verwarnung erteilt, anstatt ihn zu sperren - Diese Vorgänge kamen Jahre später ans Licht der Öffentlichkeit. Carl Lewis hat für sich in Anspruch genommen, die unerlaubte Substanz unbeabsichtigt in einem Medikament zu sich genommen zu haben.

Die Doper sind den Fahndern zumeist einen Schritt voraus und entwickeln Substanzen, nach denen die Fahnder nicht suchen, oder die sie bisher nicht nachweisen können. Insofern ist die große Frage nicht: „Wieso wurde Carl Lewis nicht erwischt?", sondern: „Wieso wurde Ben Johnson erwischt?"

Zweitens: das Umfeld um die Profisportler ist ebenfalls professionell geworden. Weltklasse-Tennisspieler beispielsweise ziehen inzwischen mit einem Tross von Trainer, Hitting-Partner (der, mit dem der Spieler tatsächlich auf dem Platz die Bälle schlägt), Ernährungsberater, Physiotherapeut und was weiß ich noch um den Globus. Es reicht heute nicht mehr, ein guter Sportler zu sein. Man muss sich 100 Prozent seinem Sport widmen. Man braucht eine geeignete Ernährung, beste Trainingsbedingungen, jemanden, der einem bei kleinen Verletzungen, bei Phasen der körperlichen und mentalen Ermüdung wieder aufbaut. Dazu gehört inzwischen auch eine ärztliche Betreuung. Und Ärzte wissen in der Regel, wie man die Leistung des Körpers durch Medikamente steigern kann. Dann gibt es wiederum Leute, die gerne davon leben möchten, den Sportlern verbotene Substanzen zu verkaufen. Somit sind Dopingmittel für die Sportler zugänglicher als früher.

Wie wird gedopt?

Doping ist verboten. Wer dopt, betrügt. Er betrügt die Konkurrenten, aber auch sich selbst. Dennn er macht sich vor, eine Leistung zu erbringen, die er eigentlich gar nicht drauf hat. Und Doping gefährdet die Gesundheit, bis hin zur Todesgefahr. Ich habe bereits vom Radfahrer Tom Simpson berichtet, der im Jahr 1967 bei einer Tour de France Etappe ums Leben kam. Am 10. April 1987 starb die deutsche Siebenkämpferin Birgit Dressel unter zunächst mysteriösen Umständen. Wie sich später herausstellte, hatte sie einen Kollaps erlitten, hervorgerufen durch eine Mischung verschiedenster Medikamente, die sie zur Regeneration von Verletzungen sowie zur Leistungssteigerung eingenommen hatte. Die amerikanische Leichtathletin Florence Griffith-Joyner, die in den achtziger Jahren Fabel-Weltrekorde über 100 m und 200 m aufgestellt hatte, die ohne systematisches Doping gar nicht vorstellbar sind, starb mit Mitte Dreißig an Herzversagen. Ein direkter Zusammenhang mit Doping-Missbrauch lässt sich nicht nachweisen, ist aber nicht unwahrscheinlich. Und viele frühere DDR-Athleten leiden noch heute unter den Spätfolgen dessen, was die Funktionäre ihnen verabreicht haben, um ihr Land als erfolgreiche Sportnation präsentieren zu können. Doch nicht nur im Hochleistungssport wird gedopt. In Deutschland nehmen schätzungsweise jährlich 200.000 Hobbysportler leistungssteigernde Mittel ein. Das geht aus einer Studie der Universität Lübeck hervor.

Wie funktioniert Doping?
Es gibt verschiedene Arten des Dopings. Prinzipiell geht es darum, die physischen Leistungsfaktoren positiv zu beeinflussen: die Muskelmasse kann gesteigert, die Bereitstellung von Sauerstoff durch den Blutkreislauf kann verbessert werden. Außerdem können durch bestimmte Mittel die letzten 20

Doping bei Olympia

Erstmals musste 1968 in Mexiko ein Sportler eine olympische Medaille wegen Dopings zurückgeben: der moderne Fünfkämpfer **Hans-Gunnar Liljenwall**. Am spektakulärsten ist sicherlich der Fall **Ben Johnson**: er lief 1988 in Seoul in einem mit Spannung erwarteten Duell gegen **Carl Lewis** in neuer Weltrekordzeit von 9,79 sec zur Goldmedaille - bis ihm drei Tage später Medaille und Weltrekord aberkannt wurden.

Auch Doping von Tieren kann zur Disqualifikation führen. So wurde der Deutschen Springreiter-Equipe 2004 die Goldmedaille aberkannt, weil **Goldfever**, das Pferd **Ludger Beerbaums**, des Dopings überführt worden war. Obwohl allgemein anerkannt war, dass dem Pferd Medizin zur Heilung und nicht zur Leistungssteigerung verabreicht worden war, wurde das von Beerbaum und Goldfever erzielte Ergebnis gestrichen. Da bei dem Wettbewerb nur drei von vier Reitern gewertet werden, reichte es den Deutschen noch zur Bronzemedaille.

Auch wenn man den Sportlern Doping nicht nachweist, heißt es leider nicht, dass sie „sauber" an den Start gehen: Beim 100 m-Lauf der Damen gewann **Florence Griffith-Joyner** in einer Fabelzeit von 10,54 sec, ohne Doping kaum vorstellbar, vor **Evelyn Ashford** (10,85 sec) und **Heike Drechsler** (10,87 sec). In diese Regionen lief später auch **Marion Jones**. Die ist zwar nie positiv auf Doping getestet worden, musste im Jahr 2007 dennoch gestehen, gedopt zu haben, da die Aktenlage zu erdrückend war. Ihre in Sidney 2000 gewonnenen Medaillen (3 x Gold und 2 x Bronze) wurden ihr daraufhin aberkannt.

Drei bei den Spielen in Salt Lake City errungene Goldmedaillen musste auch der für Spanien startende Deutsche **Johann Mühlegg** zurückgeben (Skilanglauf). Nachdem er in Spanien bereits als Held gefeiert und vom König persönlich beglückwünscht worden war, wurde ihm die 50 km-Goldmedaille nach dem Ergebnis der Dopingprobe aberkannt. Die beiden anderen Goldmedaillen wurden Mühlegg erst Ende 2003 aberkannt, obwohl er nach diesen Wettkämpfen nicht positiv auf Doping getestet worden war.

Traurige Berühmtheit erlangten 2004 in Athen die griechischen Sprinter Kostas Kenteris und Ekaterini Thanou. Sie verpassten eine Dopingprobe, erlitten am selben Abend gemeinsam einen Motorradunfall und zogen unter größtem öffentlichen Druck selbst ihre Akkreditierung zurück. Bei ihrem Trainer fand die Polizei zwei Tage später eine große Menge an Dopingmittel.

Prozent der Leistungsfähigkeit ausgeschöpft werden, die der Körper sonst nur unter Todesangst freisetzt.

Wachstum der Muskeln
Das Wachstum der Muskeln wird mit zum Beispiel mit Anabolika gefördert. Dazu gehört das männliche Hormon Testosteron. Aber auch Clenbuterol wird verabreicht, was in der Tierzucht verwendet wird, damit Jungtiere schneller wachsen. Durch zu große Muskeln steigt aber die Gefahr, dass die Gelenke und Bänder in Mitleidenschaft gezogen werden, die für diese Leistungen nicht ausgelegt sind. Bei Frauen kann eine Art Vermännlichung auftreten: Bart- und Haarwuchs sowie eine tiefere Stimme können die Folge sein.

Verbesserung der Sauerstoffbereitstellung
EPO (Erythropoetin) ist ein Hormon, das normalerweise bei Blutverlust ausgeschüttet wird, um vermehrt rote Blutkörperchen herzustellen. Die Bildung kann um das Mehrfache des normalen Wertes erreichen. Wir haben bereits gesehen, dass die roten Blutkörperchen für den Sauerstofftransport zu den Muskeln verantwortlich sind. Es gibt auch noch andere Formen des Blutdopings: dem Athleten wird nach einem Höhentraining Blut abgenommen. Beim Training in der Höhe werden auch vermehrt rote Blutkörperchen gebildet, das hängt mit dem niedrigeren Sauerstoffgehalt der Höhenluft zusammen. Dieses abgezapfte Blut wird dem Athleten direkt vor dem Wettkampf wieder zugeführt. Somit verfügt er zum einen über mehr Blut, das den Sauerstoff transportieren kann, und auch über eine höhere Konzentration von roten Blutkörperchen. Diese Methode ist jedoch extrem gefährlich. Das Blut ist dicker als gewöhnlich, die Gefahr der Verstopfung von Blutgefäßen steigt. Ein verstopftes Blutgefäß stellt einen lebensbedrohlichen Zustand dar.

Ausschöpfen des geschützten Leistungsbereichs
Hast du schon einmal größere Mengen Cola getrunken? Bist du danach deinen Eltern mit deiner Zappeligkeit auf die Nerven gefallen? Cola enthält Koffein, ein Stoff, der aufpuscht, der uns aktiv macht. Viele Athleten versuchen, diesen Effekt auszunutzen. Sie müssen von der ersten Sekunde ihres Wettkampfs aggressiv und hellwach sein. Der Wettkampf ist eine Stresssituation, und wenn wir unter Stress geraten, schüttet unser Körper Adrenalin aus. Wir sind plötzlich angespannt, schwitzen, wir sind wie unter Strom. Der Körper hält

alle Funktionen und alle Energie bereit, damit wir im nächsten Moment vor einer Gefahr davonlaufen können. So wird zum Beispiel Blut aus dem Magen-Darm-Bereich abgezogen, die Blutgefäße verengen sich dort, und vermehrt in die Muskulatur geleitet. Diesen Zustand versuchen Sportler durch psychologische Tricks zu erreichen, indem sie sich anbrüllen, sich ohrfeigen, auf sich einreden. - Oder eben einige Tassen Kaffee vor dem Wettkampf trinken. Das ist erlaubt. Man muss schon zwanzig oder mehr Tassen getrunken haben, um einen Koffein-Wert zu errei- chen, der verboten ist. (Es gibt auch immer wieder des Dopings überführte Sportler, die sich damit herausreden wollen, sie hätten nur eine Tasse Kaffee zu viel getrunken.) Oder man versucht diese Anspannung durch unerlaubte Mittel herbeizuführen. Diese Mittel spielen dem Körper eine Notsituation vor, der Körper setzt die Prozesse in Gang, die dazu führen, dass der Schutz der letzten Leistungsreserve überwunden wird. Über die Gefahr, dabei einen Zusammenbruch zu erleiden, haben wir bereits gesprochen.

In welchen Sportarten wird gedopt?

Prinzipiell wird man wohl sagen müssen, dass in allen Bereichen des Spitzensports Doping nicht auszuschließen ist. Denn Kraft, Schnelligkeit und Ausdauer sind beim Sport immer gefragt, und wenn es nur darum geht, sich durch diese Fitness schneller vom Training zu erholen. Sportarten, die sehr direkt von den physischen Leistungsfaktoren abhängen, sind allerdings stärker gefährdet. Wenn es nur darum geht, möglichst schnell zu laufen/zu schwimmen und so weiter oder möglichst weit zu springen, möglichst lange durchzuhalten, dann ist durch Doping viel zu erreichen. Bei Sportarten, in denen die Technik und andere Faktoren wie das Mannschaftsgefüge wichtiger sind, ist mit Doping die Leistungsverbesserung nicht unbedingt gesichert.

Ebenso sind Sportarten, in denen viel Geld zu verdienen ist, stärker gefährdet. Denn systematisches Doping ist teuer. Alleine die Entwicklung immer neuer Substanzen, die nicht nachgewiesen werden können, ist kostspielig.

Zudem brauchen die Sportler Leute, die ihnen beim Doping helfen: Apotheker, die ihnen die Mittel beschaffen, Ärzte, die die Einnahme überwachen, sowie Experten, die wissen, welche Stoffe derzeit nachgewiesen werden können und welche nicht. Nicht zuletzt sind die Medikamente sehr teuer. Außerdem ist die Aussicht auf immense Preisgelder sehr verlockend. Die Karriere der meisten Profisportler ist mit spätestens Mitte Dreißig zu Ende. Dann steht er zunächst vor dem Nichts, weil er in der Regel keine Berufsausbildung hat. Er sollte also genug verdient haben, um den Rest seines Lebens ohne geregeltes Einkommen zu bestreiten; oder wenigstens so viel, dass es reicht, sich eine neue berufliche Existenz aufzubauen. Er muss also zusehen, dass er möglichst viel Geld verdient. Oder denkt an den Jungprofi. Für ihn hängt der Erfolg im Wettkampf von seinem finanziellen Überleben als Sportler ab. Da steht verdammt viel auf dem Spiel. Die Versuchung zu dopen ist also sehr groß, zumal die Substanzen über das Internet und andere Händler, die vom Verkauf verbotener Substanzen leben, relativ leicht zugänglich sind.

Dies alles entschuldigt Doping jedoch in keinem Fall. Wie kann man man seinen sportlichen Triumph auskosten in dem Wissen, gedopt zu haben? All die Weltrekordler, Weltmeister und Olympiasieger, die auf dem Podest bei der Siegeszeremonie stehen, die sich als Vorbilder feiern lassen und aufgrund ihres Erfolgs Unsummen verdienen - die dies in dem Wissen tun, betrogen zu haben! Es ist widerlich, und es widerspricht der großen Maxime des Sports überhaupt: dem Fairplay. Wir können also nur hoffen, dass alle Anstrengungen gegen Doping unternommen werden; dass das Risiko, erwischt zu werden, für die Athleten irgendwann so hoch ist, dass sie die Hände vom Doping lassen.

Dein Leben mit Sport

10

Sport hält gesund, sichert uns Freundschaften, schult Fähigkeiten wie Disziplin, Beharrlichkeit und Fairness. Unser Körper wird belastbarer und wir können unsere Bewegungen besser koordinieren. Vor allem aber macht das Sporttreiben Spaß. Wir genießen den Zustand der Erschöpfung nach dem Training oder Wettkampf in der Gewissheit, etwas geleistet zu haben. Wir sind stolz auf unsere kleinen Fortschritte im Training ebenso wie auf die großen Erfolge im Wettkampf. Von Freunden ernten wir Anerkennung für unsere sportlichen Leistungen. Indem wir erleben, was wir durch Training erreichen, werden wir selbstsicherer.

Alles spricht also dafür, Sport zu treiben. Aber warum kommen dann so viele Menschen ohne Sport aus? Vielleicht erkennen sie die Notwendigkeit und die Vorteile nicht. Vielleicht finden sie nicht die für sie passende Sportart. Viele Vereine bieten nur Fußball und Handball für die Jungs und für die Mädchen gymnastischen Tanz an. Insbesondere für Mädchen ist das zu wenig. Oder du warst bereits in einer Sportgruppe, aber bist nicht mit dem Trainer klargekommen. Die Vereine haben große Schwierigkeiten, gute Trainer zu gewinnen. Oft gibt es zeitliche Probleme: du bist den ganzen Tag in der Schule, musst anschließend Hausaufgaben machen; oder Fechten ist am Dienstag, an dem Tag will aber deine Mutter, dass du zum Klavierunterricht gehst. Oder man ist einfach zu träge. Man sitzt schön vor der Glotze oder der Playstation und kann sich nicht aufraffen - „den inneren Schweinehund überwinden" sagen die Sportler gerne.
Sporttreiben kostet natürlich Energie.

Dass man sie vielfach zurück bekommt durch eine gesteigerte Leistungsbereitschaft des Körpers, verdrängt man, wenn man sich zu träge fühlt. Vor dem Spaß, der Genugtuung, dem Erfolg steht der Schweiß, die Anstrengung. Das schreckt viele ab.

Ich weiß, dass ich noch hundert Seiten mit den besten Argumenten schreiben könnte, ohne dich wirklich zum Sporttreiben zu bewegen. Sport zu treiben ist keine rationale Entscheidung. Man macht es, weil man entsprechende Signale von seinem Körper, der bewegt und gefordert werden will, erhält. Weil es zur Gewohnheit geworden ist, zum Training zu gehen. Weil man sich darauf freut, weil man Ziele hat, Freunde trifft, sich selbst etwas beweisen will und so weiter.

Ich kann nur jedem raten: überlege kurz, was dir gefallen könnte, und fang dann einfach an. Wenn du keine Sportgruppe findest, kannst du alleine Jogging oder gymnastische Übungen machen. Dafür gibt es gute Anleitungsbücher, CDs und DVDs. Überrede Freunde mitzumachen. Wenn ihr Glück habt, entwickelt sich etwas daraus und ihr findet Anschluss in einem Sportverein. Frag in der Schule nach, ob nicht diese oder jene Sportart als AG angeboten werden kann. Alles in allem: werde aktiv!

Wenn du bereits Sport treibst, hoffe ich, dass dir das Lesen dieses Buches neue Motivation gibt, dass du das Training und die Übungen jetzt bewusster durchführst und auch jene Bereiche nicht aus den Augen verlierst, die über den reinen Sport hinausgehen. Vielleicht hast du sogar Lust bekommen, selbst als Trainer aktiv zu werden. Das ist ein toller Job, bei dem du selbst sehr viel lernen kannst.

Und abschließend noch ein letzter Appell: egal in welcher Form du Sport treibst, ob mit dem Ehrgeiz, der Weltbeste zu werden, oder einfach als Entspannung: alle wollen ihren Spaß haben, nicht nur du. Deshalb: genieße das Spiel, respektiere jederzeit deine Gegner und Trainingspartner, unterstütze sie, wo du kannst, sei fair!